Hanauri

AF622698

Hanauri

Il Giappone dei venditori di fiori attraverso lo sguardo di Linda Fregni Nagler

The Japan of Flower Sellers through the Eyes of Linda Fregni Nagler

SilvanaEditoriale

Hanauri
Il Giappone
dei venditori di fiori
attraverso lo sguardo
di Linda Fregni Nagler

The Japan
of Flower Sellers
through the Eyes
of Linda Fregni Nagler

4 dicembre 2024
4 maggio 2025

4 December 2024
4 May 2025

MOSTRA / EXHIBITION

Mostra a cura di /
Exhibition curated by
Davide Quadrio
con / with Anna Musini

Consulenza curatoriale
e scientifica /
Curatorial and Scholarly
Contribution
Roberta Vergagni

Coordinamento curatoriale /
Curatorial Coordinator
Anna Musini
con / with Francesca Filisetti

Conservazione e restauro /
Conservation and Restoration
Soseishi

Archivio e digitalizzazione
delle opere / Archiving and
Digitisation of Works
Marta Rizzato
(Studio Linda Fregni Nagler)

Visual Design
FIONDA, Torino

DSP01 Cavalletti in mostra /
Easels on display
Restart Milano
Design *di / by* Maurizio Navone

Allestimento / Installation
Squadra Tecnica Fondazione
Torino Musei: Marco Bertoglio,
Alessandro Guillaume, Edoardo
Magnoni

Antonino Squillace, Artsiom
Parchynski

Siram

Allestimento / Installation
Things That Death
Cannot Destroy
VI.MA

Stampa grafica /
Graphic Printing
Fabbricanti d'immagine

Assicurazione / Insurance
AGE Broker, Bologna

Trasporto / Transport
Fercam

CATALOGO / CATALOGUE

A cura di / Edited by
Anna Musini
e / and Francesca Filisetti

Saggi / Essays
Cristina Baldacci
Francesca Filisetti
Linda Fregni Nagler
Manuela Moscatiello
Anna Musini
Davide Quadrio
Roberta Vergagni

Ringraziamenti / Acknowledgments

Un ringraziamento speciale a / A special thanks to
Linda Fregni Nagler *e / and*
Marta Rizzato, Tobia Faverio, Ben Bazalgette

Un ringraziamento inoltre a tutti i musei e le istituzioni per i generosi prestiti e ai collezionisti che desiderano restare anonimi /
Thank you also to all the Museums and Institutions for the generous loans and to all the collectors who wish to remain anonymous

Palazzo Madama -
Museo Civico d'Arte Antica:
Giovanni Carlo Federico Villa, Paola Ruffino, Stefania Capraro

Direzione regionale Musei nazionali Veneto - Museo d'Arte Orientale di Venezia:
Marta Boscolo

Museo d'Arte Orientale "E. Chiossone", Genova:
Aurora Canepari, Selene Orsini, Chiara De Marco

Il Museo e l'editore sono a disposizione degli aventi diritto per le fonti iconografiche non identificate e si scusano per eventuali e involontarie inesattezze e omissioni /
The Museum and the Publisher are available to those entitled for unidentified iconographic sources and apologise for any involuntary inaccuracies and omissions

FONDAZIONE TORINO MUSEI

Presidente / President
Massimo Broccio

Consiglio Direttivo / Board of Directors
Laura Fornara
Filippo Ghisi
Alessandra Siviero
Daniele Zaia

Segretario Generale / Secretary-General
Elisabetta Rattalino

Collegio dei Revisori dei Conti / Board of Auditors
Miriam Denise Caggiano
Raffaele Di Gennaro
Gabriele Gastaldi

Relazioni Esterne e Attività Internazionali / External Relations and International Activities
Angela Benotto

Monica Boaretto
Elisabetta Rabajoli

Marketing Culturale e Comunicazione / Cultural Marketing and Communication
Renato Balestrino

Cinzia Ciavarella

Comunicazione / Communication
Cristina Negus

Elsa Artuffo
con / with Gianluca Minuto
e / and Alessandro Muner

Ufficio Stampa / Press Office
Daniela Matteu

Chiara Vittone

Innovation marketing
Anna Follo
Carolina Trucco

Engagement marketing
Angelica Ciulli

Attività commerciali / Commercial Activities
Daniela Falai
Davide Monferino Selvaggio

Affari Legali / Legal Affairs
Cristina Mossino

Paola Pellegrino

Risorse Umane / Human Resources
Cristina Mossino
Elena Risso

Mariangela Amoruso
Giuliana Massa
Alessia Flora Tagini

Contabilità e Bilancio / Accounting and Budget
Francesca Castello

Sabina Ciccarelli
Silvia Mastromatteo
Antonio Piacentino
Cristina Sassone

Controllo di Gestione / Management Control
Nadia Crema

Settore Tecnico / Technical Department
Stefano Gulia

Davide Fiore
Flavia Fiorentin
Donato Scaglione
con / with Maurizio Gatti
e / and Angelo Caldararo

Squadra Tecnica / Technical Team
Marco Bertoglio
Alessandro Guillaume
Edoardo Magnoni

Segreteria Generale / General Secretariat
Laura Falaschi

Autista / Driver
Emilian Predut

Biblioteca d'Arte / Art Library
Stefano Musso

Paolo Amerigo
Maria Roberta Angeloro
Giuseppe Comparone
Franco Stella

Archivio Fotografico / Photographic Archive
Elena Dolino
Mery Granata
Barbara Nepote
Roberta Spina

museo d'arte orientale

Direttore / Director
Davide Quadrio

Dipartimento Collezione Permanente, Conservatrice per l'Asia meridionale e il Sudest asiatico / Permanent Collection Department, South and Southeast Asia Curator
Claudia Ramasso

Dipartimento Curatoriale e Mostre / Curatorial and Exhibition Department
Anna Musini
con / with Francesca Filisetti

Con l'assistenza di / With the assistance of
Rebecca Ricci

Ufficio Stampa / Press Office
Chiara Vittone

Segreteria di Direzione e Amministrazione / Executive Secretariat and Administration
Valentina Rosalen

Protocollo / Protocol
Marika Marone

Dipartimento Educazione / Education Department
Mia Landi
Eva Morando

Ufficio Tecnico e Sicurezza / Technical and Security Bureau
Patrizia Bosio

Risorse Umane / Human Resources
Gianna Dogliani
Simona Trombetta

Biglietteria / Ticket Office
Antonietta Carlino
Laura D'Angelo
Marzia Gatti

Sala Controllo / Control Room
Nicola Agostino
Marco Gallo
Cesare Giuliani
Javier Martinez
Antonello Rizzo
Davide Trasparente

Personale di sala / Museum Invigilators
Francesca Arena
Giulia Ballarin
Rosi Belfiore
Nadia Biscuolo
Francesca Carosi
Eleonora De Girolamo
Mirko Incandela
Valeria Massimo
Federica Raspone
Cinzia Ravizza
Daniela Sarasso
Sabrina Siconolfi
Wilma Soncin

Si ringraziano / Thanks to
Associazione Volontari MIO MAO

Città di Torino

Regione Piemonte

Torino Metropoli
Città metropolitana di Torino

Fondazione Compagnia di San Paolo

Fondazione CRT

Hanauri. Il Giappone dei venditori di fiori attraverso lo sguardo di Linda Fregni Nagler si colloca all'interno di una più ampia progettualità museale, volta a creare un'esperienza trasformativa del visitatore e una continua rilettura degli oggetti e degli spazi del museo stesso.
Come gli altri volumi della medesima collana, compresa la guida del MAO, anche questo libro offre uno sguardo preciso su pratiche museologiche innovative, che non guardano più all'oggetto museale come entità assoluta ma prediligono un approccio narrativo in cui gli oggetti diventano elementi di una storia complessa. In questo senso *Hanauri* è una lettura possibile del Giappone all'inizio della modernizzazione tecnologica e scientifica, in cui nuove invenzioni come la fotografia sono adoperate per raccontare la propria identità culturale. In questo contesto si inserisce l'opera di Linda Fregni Nagler e la sua ricerca meticolosa ed emozionale su un mondo mai visitato direttamente, ma affrontato attraverso ricerche iconografiche attente e puntuali.
Seguendo un percorso che potremmo definire di "rivoluzione dello sguardo", *Hanauri* è al contempo progetto, mostra ed esposizione del processo stesso di ricerca. Abbracciare il giapponismo intrinseco alla collezione del MAO produce, grazie alla pratica decisa e radicale di Fregni Nagler, una rivoluzione di segni capace di scombinare le carte e restituire al museo una sorprendente possibilità di lettura.
La collaborazione con istituzioni come Palazzo Madama, il Museo d'Arte Orientale "E. Chiossone" di Genova e il Museo d'Arte Orientale di Venezia, ma anche collezioni private (tra cui la Collezione Perino), rispecchia la piena volontà del MAO di costruire ponti istituzionali, espandere la condivisione di pratiche di restauro e conservazione, favorire la circolazione delle opere. Un esempio virtuoso è il restauro della stampa *ukiyo-e* di Koikawa Harumachi denominata *All'ingresso del santuario di Kanda* del Museo Chiossone, esposta secondo i criteri conservativi necessari. Queste collaborazioni, unite allo sguardo e alla pratica di Fregni Nagler, sono riassunte nel presente libro, non soltanto catalogo di una mostra ma racconto di una volontà progettuale e curatoriale che rende il museo luogo di vita, sperimentazione e immaginazione.

Davide Quadrio
Direttore del MAO, Torino

Hanauri. The Japan of Flower Sellers through the Eyes of Linda Fregni Nagler is part of a broader museum project intended to create a transformative experience for visitors and a continual reinterpretation of the objects and spaces of the museum itself.
Like the other publications in the same series, including the MAO guide, this book offers a detailed look at innovative museum practices, which no longer see museum objects as independent entities in themselves but favour a narrative approach in which the objects take their place within a complex story.
In this regard, *Hanauri* is one possible interpretation of Japan at the beginning of its technological and scientific modernisation, when new inventions like photography were being used to express cultural identities. Linda Fregni Nagler fits into this context with her meticulous, sensitive exploration on a world she has never visited personally, but which she has approached through careful and detail iconographic research.
Pursuing a path that could be defined as a "revolution of the gaze," *Hanauri* is simultaneously a project, an exhibition and a presentation of the research process itself. Embracing the Japonisme intrinsic to the MAO collection, Fregni Nagler's decisive, radical practice produces a revolution of signs, capable of shaking things up and giving the museum a surprising new interpretation.
The collaboration with institutions such as Palazzo Madama, the Museo d'Arte Orientale "E. Chiossone" of Genoa and the Museo d'Arte Orientale of Venice, as well as with private collections (including the Perino Collection), reflects MAO's commitment to build institutional bridges, expand the sharing of restoration and conservation practices, and promote the circulation of works on display.
An excellent example is the restoration of Koikawa Harumachi's *ukiyo-e* print entitled *At the Entrance to the Kanda Shrine* from the Museo Chiossone, exhibited in accordance with the necessary conservation criteria. These collaborations, along with Fregni Nagler's gaze and practice, are summarised in the present book, which, in addition to being an exhibition catalogue, is also an account of a design and curatorial vision that makes the museum a place of vitality, experimentation and imagination.

Davide Quadrio
Director of MAO, Turin

Sommario

Contents

Oltre l'immagine: una conversazione con Linda Fregni Nagler

Anna Musini e Francesca Filisetti

L'arte produce in tal senso una specifica riflessione di altre pratiche umane, e questo è il motivo per cui l'interazione con le opere d'arte deve essere considerata dal punto di vista della vita umana nel suo complesso.

—Georg W. Bertram, *L'arte come prassi umana. Un'estetica*, Raffaello Cortina Editore, Milano 2017, p. XXVI

All'interno delle collezioni del MAO coesistono distanze geografiche e temporali affiancate, poste in dialogo e unite attraverso un'interpretazione iconografico-tematica mediata dal contesto museale e dallo sguardo di chi si avvicina a questo patrimonio. Uno sguardo che contribuisce a offrire una nuova visione intorno ai manufatti della collezione permanente, consentendo di analizzare e al contempo decostruire l'approccio orientalista ed esotizzante a lungo predominante nell'esposizione di collezioni asiatiche ed etnografiche.
Il progetto espositivo *Hanauri* si immerge nella cultura e nell'atmosfera giapponese esplorando l'iconografia di una categoria di ambulanti, quella dei venditori di fiori, e la sua riproduzione nelle stampe *ukiyo-e* del periodo Edo, fino alle fotografie della Scuola di Yokohama sviluppatasi nella seconda metà dell'Ottocento. La mostra si estende inoltre all'analisi del motivo floreale, mettendo in luce la circolazione di iconografie e tematiche all'interno di manufatti giapponesi tradizionali appartenenti alla cultura materiale e le loro declinazioni attraverso supporti diversi.
Com'è stato confrontarsi con un'istituzione dedicata all'arte asiatica in un contesto occidentale e quali differenze si sono rivelate rispetto a lavorare con un museo d'arte contemporanea? Come hai dialogato con i manufatti tradizionali del percorso espositivo?
In linea con la visione curatoriale del MAO, il tuo lavoro si immerge all'interno di determinati ambiti culturali e motivi iconografici mostrando la complessità delle storie e delle relazioni che racchiudono. In che modo affronti la tematica dell'esotismo e dello sguardo orientalista nella tua pratica? Si può parlare di una sua decostruzione? Quali sono gli strumenti e i dispositivi di cui ti avvali in questo processo?

Collaborare a questo specifico progetto con il MAO è stato molto stimolante e ha aperto il mio lavoro a diverse opportunità espositive, così come alla possibilità

Beyond the Image: A Conversation with Linda Fregni Nagler

Anna Musini and Francesca Filisetti

If we see it in this way, art accomplishes a certain specific reflection of other human practices, and for this reason we have to consider the process of dealing with works of art from the perspective of the human form of life in its entirety.

—Georg W. Bertram, *Art as Human Practice: An Aesthetics*, translation by Nathan Ross (London: Bloomsbury, 2019), pp. 6–7

In the MAO collections, the geographically and temporally distant are juxtaposed, placed in dialogue and brought together through an iconographic and thematic interpretation mediated by the museum context and the gaze of those who approach this heritage. A gaze that is instrumental in offering a new vision of the artefacts in the permanent collection, enabling us to analyse, and also to deconstruct, the Orientalist and exoticising approach that has long predominated in the display of Asian and ethnographic collections.
The *Hanauri* exhibition delves into the culture and atmosphere of Japan, exploring the iconography of a category of street vendors, the flower sellers, and their depiction in art, from the *ukiyo-e* prints of the Edo period to the photographs of the Yokohama School that developed in the second half of the 19th century. The show also analyses the floral motif, focusing on the circulation of iconographies and themes within the framework of traditional Japanese artefacts pertaining to material culture, and their interpretation through different supports.
What was it like engaging with an institution devoted to Asian art in a Western context and how did it differ from working with a museum of contemporary art? What kind of dialogue did you establish with the traditional artefacts on display? In line with MAO's curatorial vision, your work explores in depth specific cultural environments and iconographic motifs, revealing the complexity of the stories and the relationships they encapsulate. How do you tackle the theme of exoticism and an Orientalist gaze in your practice? Can we speak of deconstruction? And what tools and devices do you employ in the process?

Collaborating with the MAO on this project was very stimulating and opened up various opportunities for displaying my work, as well as the possibility of revealing certain conceptual processes. Let me explain: I usually work on historical photographic originals, re-staging or reworking them, as in the case of my large

di svelare alcuni processi concettuali. Mi spiego meglio: solitamente lavoro su originali fotografici storici, rimettendoli in scena o rielaborandoli, come nel caso delle mie grandi stampe dei venditori di fiori. Difficilmente, in un contesto espositivo contemporaneo, mostrerei la rielaborazione di un'immagine accanto all'originale da cui è tratta: risulterebbe didascalico. Ma questa mostra, proprio perché è ospitata da un museo dedicato all'arte orientale, il cui interesse specifico è raccontare questo tipo di contenuti e di risonanze, ha reso possibile un percorso temporale a ritroso. Le mie grandi stampe sono la rielaborazione di un motivo che ricorre nelle albumine della Scuola di Yokohama e queste, a loro volta, mettono in scena lo stesso motivo già rappresentato nelle stampe *ukiyo-e*, due secoli prima dell'invenzione della fotografia.

I manufatti a motivo floreale della collezione del MAO e quelli in prestito da altre istituzioni di arte asiatica fanno da contrappunto alle immagini evidenziando come la fugacità del fiore sia un culto nella cultura giapponese. La contemplazione dei rami carichi di fiori (*hana*) e la consapevolezza piacevolmente dolorosa che questo splendore morirà in pochi giorni è un fenomeno culturale che ha un nome: *hanami*. La fotografia funziona come ponte tra l'*hanami* e il 'mondo fluttuante' delle xilografie *ukiyo-e*, diventate oggetti da collezione nel mondo occidentale.

Il museo, con il suo patrimonio e con le conoscenze dei suoi curatori, mi ha permesso di comprendere ed esplorare meglio uno dei temi del mio stesso lavoro: la ricorrenza del motivo iconografico, il quale non è di pertinenza solo del fotografico. Per me è stata un'occasione di approfondimento preziosissima, e vedere questo percorso a ritroso dislocato nelle sale del museo ha restituito senso al mio collezionare.

La ricerca che svolgo si rapporta alla storia dello sguardo, ai suoi cambiamenti nel tempo, alle ragioni che lo hanno guidato. Colleziono immagini che mi colpiscono sia per il loro contenuto, sia per le modalità della messa in scena. Questa raccolta ne è un esempio. Sono immagini prodotte inizialmente da occidentali per un pubblico occidentale, fotografie di un altrove, di un esotismo lontano, che mostrano un paese in apparenza incontaminato ma in realtà già soggetto a un processo di industrializzazione e globalizzazione. Sono espressione di quest'ultima e sono anche prodotti su cui successivamente si è fondata un'economia: non è un caso che proprio in Giappone siano nate industrie come Fuji o Nikon.

Raccogliere, montare, archiviare e mostrare immagini è per me un gesto culturale consapevole che non è neutrale oggi come non lo era allora. La messa in discussione dei presupposti di queste fotografie intende sollevare domande 'sul guardare' come presa di posizione estetica e politica. Si pensi a temi come la messa in scena della figura umana, il colonialismo, la categorizzazione sociale, la censura e il copyright. Io cerco di raccontare questi argomenti, proprio decostruendoli.

La fotografia è uno strumento privilegiato di veicolo dello sguardo, di costruzione di un'immagine, della sua cristallizzazione nel tempo ma anche delle successive reinterpretazioni e riletture critiche. Essa si caratterizza per la materialità che la contraddistingue: l'immagine s'imprime sul supporto e diventa materia, forma, rivelando aspetti anche di fragilità. Esposta alla luce nel tempo, l'impressione può deperire e svanire necessitando di una costante cura e attenzione conservativa, quasi fosse un corpo vivo. In particolare, la fotografia analogica si distingue per una preziosità e un'abilità artistica, in contrapposizione alla ripetizione e alla frammentazione delle immagini digitali. Le tue fotografie di grandi dimensioni all'interno della mostra sono frutto di un meticoloso processo di rielaborazione di una selezione di albumine originali condotto attraverso la ricerca e la riappropriazione di una tecnica ormai quasi scomparsa. Potresti approfondire le fasi di questo processo, a partire dal rifotografare le albumine originali alla stampa in camera oscura, fino alla colorazione a mano delle stampe?

prints of flower sellers. It is most unlikely that, in a contemporary exhibition, I would show a reworked image next to the original from which it was taken – it would be didactic. But this show, precisely because of its being hosted by a museum devoted to Oriental art, whose interest lies in recounting this type of content and its echoes, made it possible to journey back in time. My large prints reinterpret a motif that recurs in the albumen photos of the Yokohama School, which, in their turn, portray the very same motif that was already represented in the *ukiyo-e* prints two centuries before photography was invented.
The artefacts with floral motifs in the MAO collection and those on loan from other Asian art museums counterpoint the images, showing that the transience of flowers is a must in the Japanese culture. The contemplation of branches laden with blossom (*hana*) and the bittersweet awareness that this splendour will die in a few days is a cultural phenomenon called *hanami*. Photography acts as a bridge between *hanami* and the "floating world" of the *ukiyo-e* woodcuts, which are much sought after by collectors in the West.
The museum, with its patrimony and the know-how of its curators, has enabled me to better understand and explore one of the themes of my work: the recurrence of the iconographic motif, which is not only connected with photography. It gave me a chance to conduct invaluable in-depth analysis, and seeing this backwards journey unfold in the various rooms of the museum made my own collecting meaningful again.
The research I am carrying on is linked to the history of the gaze, to how it has changed through time, and the reasons behind this. I collect images that I find striking, due to their content and the way they are staged. The selection on display exemplifies this. They are images that were initially produced by Westerners for a Western public, photographs of an elsewhere, of a distant exoticism, which show a country that is apparently unspoiled, but, in fact, already undergoing an industrialisation and globalisation process. They express the latter and are also products on which an economy was subsequently founded: it is no accident that industrial giants like Fuji and Nikon were actually born in Japan.
Gathering, editing, archiving and showing images is, for me, a conscious cultural gesture, which is not neutral today, just as it was not neutral in the past. My questioning the presuppositions of these photographs is intended to raise issues that concern "looking," in the sense of assuming an aesthetic and political stance; for example, the staging of the human figure, colonialism, social classification, censorship and copyright. I seek to shed light on these themes, precisely by deconstructing them.

Photography is a favoured medium for the gaze and for constructing an image of its crystallisation in time, but also of its subsequent reinterpretations and critical re-readings. This art is characterised by its materiality: the image is imprinted on the support and becomes material and form, also revealing fragile aspects. When exposed to light over time, the impression can deteriorate and even vanish, thus necessitating constant care and conservation, almost as if it were a living body. More specifically, analog photography is distinguished by a preciousness and artistic flair, as opposed to the repetition and fragmentation of digital images. Your large-format photos on display in the exhibition are the result of the meticulous reworking of a selection of albumen originals achieved through research and the reappropriation of a technique that has practically died out. Could you explain the different stages of the process, from your re-photographing the albumen images to the printing in the darkroom and the hand-colouring of the prints?

I reproduce the albumen originals photographically using an optical bench to obtain a 10 × 12 cm negative. With my master printer, Toni D'Ambrosio, I project

Riproduco fotograficamente le albumine originali con un banco ottico che restituisce un negativo 10 × 12 cm. Insieme al mio maestro stampatore, Toni D'Ambrosio, proietto questi negativi a parete, in camera oscura, su una carta fotosensibile in bianco e nero fatta di fibra di cotone molto pesante. La stampa analogica di grande formato (120 × 150 cm) è un processo quasi perduto. Maneggiare carte di quel formato nei bagni di sviluppo, arresto e fissaggio richiede grande manualità e sapienza, è un sapere artigiano in via di estinzione. Le stampe vengono stese ad asciugare, messe sotto pressione per stirarle, poi spuntinate a pennello per eliminare segni o macchie. A questo punto inizia il processo di colorazione, partendo dall'osservazione delle albumine originali. Le tinte di allora hanno subìto alterazioni nel tempo e la stessa albumina ha assunto delle tonalità dominanti marroni. Questo determina la nostra lettura in chiave 'antica' dell'oggetto fotografico, da cui provo ad allontanarmi in favore di un colore più brillante e contemporaneo. Ho cercato di inventarmi un sistema che replicasse la bellezza e la ricchezza delle trasparenze e delle sovrapposizioni di toni originali. Lavoro a pennello, per velature di un colore a base alcolica molto diluito, quasi trasparente, sovrapponendo strati di pennellate. A volte imito i colori originali, altre volte invento. Mi piace molto pensare che anche i coloristi di allora potessero interpretare liberamente, permettendosi di non aderire completamente alla realtà, trasformandola in 'simil-vero'. A questo punto la stampa viene bagnata di nuovo sul retro e asciugata, per poi essere stirata definitivamente. È un processo lungo, costoso e rischioso, ma molto gratificante e zen.

Il tuo lavoro è caratterizzato da un aspetto processuale e rituale basato su una rigorosa metodologia di ricerca e archiviazione che conduce a una pratica di riappropriazione e rielaborazione. Nel collezionare e catalogare una serie di immagini precise si innesca un rapporto personale, una relazione quasi affettiva con ciascuna figura rappresentata. La scelta dei tuoi soggetti di ricerca si avvia sempre da iconografie ed elementi specifici meno noti e afferenti a tradizioni culturali anche tratte da contesti vernacolari.
In relazione alle stampe *ukiyo-e* diffuse in Giappone nel periodo Edo, nel suo libro, *The Beauty of Everyday Things*, Sōetsu Yanagi afferma: "La cultura del periodo Edo era dominata dalle classi popolari. Ciò vale tanto per la letteratura quanto per la pittura. La varietà dei manufatti era un aspetto caratterizzante di quella cultura straordinaria. Al pari delle stampe *ukiyo-e*, non si trattava di opere d'arte eleganti e aristocratiche, ma di semplici oggetti comuni dal sapore provinciale. Potevano anche non essere aggraziati o raffinati, ma avevano l'aspetto di un compagno fidato. Vivendo con loro giorno dopo giorno, assumevano una calda familiarità. Circondati da essi, le persone si sentivano piacevolmente a casa"[1].
Quali criteri guidano la selezione di un determinato soggetto di ricerca? In particolare, in che modo l'iconografia dei venditori di fiori è entrata nel tuo immaginario? Come sviluppi e organizzi le diverse fasi del tuo lavoro e in che modo bilanci il rapporto tra materiale d'archivio e intervento artistico?

Questo tema delle cose del quotidiano si allinea perfettamente alla scelta delle fotografie che prediligo: sono vernacolari, senza autore, per lo più senza informazioni di provenienza, non sono concepite come opere d'arte e da sole non avrebbero la dignità di essere prese in considerazione dai musei. Eppure, sono espressione di un sistema di rappresentazione, raccontano la continuità di uno sguardo, le consuetudini di un sistema culturale. I venditori di fiori rientrano in tale schema: anche se oggi questo genere fotografico è entrato nelle collezioni museali, le albumine sono state concepite come raffinati *souvenir* di viaggio, come riverberi visivi di una cultura lontana, misteriosa, separata, e venduti come tali a caro prezzo in migliaia di esemplari. Le lastre negative erano oggetto di scambio e commercio da parte dei vari fotografi e spesso, anche in epoca successiva, gli album originali venivano smembrati per vendere le singole

these negatives onto black and white photographic paper made of really heavy cotton fibre, placed on the wall in the darkroom.
Large-format (120 × 150 cm) analog printing is a process that virtually no longer exists. Handling papers of that size in developer baths, stoppage and fixing requires great manual expertise and know-how; it is an artisanal skill that is disappearing. The prints are hung up to dry, flattened under pressure, and then retouched with a brush to eliminate marks or blemishes. At this point the colouring process begins, after the original albumen prints have been carefully studied.
The colouration of the past alters with time, and the albumen image itself is dominated by brownish tonalities. This determines an "antique" reading of the photograph, from which I try to move away, opting for more brilliant, contemporary colour. I have tried to devise a system that recreates the beauty and richness of the transparencies and superimpositions of the original tones. I work with a brush, applying washes of colour with an alcohol base, which is considerably thinned, almost transparent in fact, and creating layers of brushstrokes. Sometimes I imitate the original tints, at others, invent new ones. I like to think that the colourists of yore were allowed to interpret freely, that they did not simply have to reproduce reality, but could transform it into something lifelike. When the colouring is done, the back of the print is wetted again, dried, and then flattened for the last time. It is a long process that is costly and risky, but very gratifying and zen.

Your work is characterised by a processual and ritual aspect based on a rigorous research and archival methodology that results in a practice characterised by reappropriation and reinterpretation. The collection and cataloguing of a series of specific images triggers a personal rapport, an almost affectionate relationship with each subject represented. Your choice of research themes always begins with particular iconographies and less familiar elements belonging to cultural traditions that also stem from vernacular contexts. Concerning the *ukiyo-e* prints found widely in Japan in the Edo period, in *The Beauty of Everyday Things*, Sōetsu Yanagi writes: "The culture of the Edo period was dominated by the commoner classes. This is as true of literature as it is of painting. Miscellaneous things were one aspect of this remarkable culture. Like *ukiyo-e* prints, they weren't delicate, aristocratic works of art, but simple common wares with a provincial flavour. They might not be graceful and refined, but they had the quality of a trustworthy companion. Living with them day in and day out, they took on a warm familiarity. Surrounded by them, people felt comfortably at home."[1]
On what criteria is your choice of a specific research theme based? In what ways has the iconography of the flower vendors entered your imagery? How do you develop and organise the different stages of your work and balance the relationship between archive material and artistic intervention?

The theme of everyday things is perfectly in keeping with my choice of photographs: vernacular images, without a known author, and for the most part with no information as to their provenance. These images are not conceived as works of art and, in themselves, would not be accorded the dignity of being considered by museums. Yet, they are the expression of a system of representation; they convey the continuity of a gaze, the customs of a cultural system. The images of the flower sellers are also part of such structure: although this photographic genre has now entered museum collections, such images were originally conceived as refined souvenirs of one's travels, as visual reverberations of a mysterious, distant and separate culture, which were sold as such by the thousand, at a high price. The negative plates were traded and sold by the various photographers and the original albums were often dismantled to sell the individual images at a better price, also in later periods. Consequently, these photos are dispersed in any number of places, making it difficult to attribute individual images to a specific author. The tentative attributions of the subjects seem more like attempts to ennoble the prints and to

immagini a prezzo maggiorato. Come conseguenza, si sono disperse in infinite sedi, rendendo difficile l'attribuzione di una fotografia a uno specifico autore. Le ipotesi di attribuzione dei soggetti paiono piuttosto tentativi di nobilitare le stampe e tracciarne una storia, ma va sempre tenuto a mente che, chi li ha realizzati, non lo ha fatto con intento artistico.

Sia nelle stampe *ukiyo-e* sia nelle albumine della Scuola di Yokohama i venditori di fiori, ritratti in scenari allestiti meticolosamente all'interno di studi fotografici o all'aperto, si caratterizzano per la ripetizione compositiva delle immagini con solo lievi differenze di un soggetto identico. Per la maggior parte delle fotografie, ad oggi, non è stato possibile identificare l'autore e, in qualche modo, le loro attribuzioni sono superate dall'immagine stessa e dalla sua vitalità che, nel tempo, continuamente si rinnova attraverso lo sguardo di chi se ne appropria in un contesto diverso da quello originale.
In che modo l'indagine intorno ai concetti di autorialità, appropriazione, serialità e ripetizione diventa fondamentale nella tua ricerca e in relazione al linguaggio fotografico?

Mi appassiona molto il tema dell'erranza di un'immagine fotografica, il suo vagare nella geografia e nella storia, i diversi condizionamenti culturali che influenzano la sua lettura. Per questo lavoro su materiali antichi che hanno una storia, che hanno viaggiato e perso la loro 'casa' originaria. Nella mia raccolta, tale aspetto coincide con il tema del *motivo*, come lo definiva Erwin Panofsky, fondatore dell'iconologia, che mi è molto caro. La ripetibilità di un soggetto è la chiave della mia ricerca fotografica. Nella collezione sul Giappone, e non solo, mi baso su motivi che ricorrono. Rifotografando queste immagini aggiungo un livello di complessità al mistero dell'identità dei loro autori, ne sottolineo il vuoto, la mancanza. Trovo suggestiva l'idea che, tra duecento anni, le mie stampe possano essere scambiate per *Yokohama Shashin*.

All'interno del MAO l'intervento di artisti contemporanei è volto, tra l'altro, a esplorare i significati che gli oggetti tradizionali possono comunicare nella società contemporanea. Il confronto con la storia e la memoria del patrimonio genera narrazioni e dialoghi che integrano e arricchiscono i percorsi di visita del museo.
Il tuo sguardo sulla cultura giapponese sembra avere un carattere quasi 'archeologico', in cui il passato viene indagato e reinterpretato attraverso la pratica artistica. Vedi questo processo come un rifugio in un passato da attualizzare, o lo consideri come una fuga da un presente da decostruire?

Mi pare importante capire la storia anche attraverso i frammenti che lascia nel suo percorso. La fotografia è parte di un discorso sulla storia recente che è stato utilizzato per controllare, schedare, indagare, esplorare...
Lo scopo iniziale con cui sono state realizzate la maggior parte delle fotografie può essere riletto in contesti diversi e produrre significati opposti agli intenti iniziali. La mia non è nostalgia, è un'indagine visiva per comprendere il senso originario delle immagini, anche quando pare impossibile. E molte volte è proprio così: l'immagine fotografica, una volta decontestualizzata e privata di informazioni, rimanda il suo referente come "i raggi differiti di una stella"[2], restando un enigma, inafferrabile.

1 Sōetsu Yanagi, *The Beauty of Everyday Things*, Penguin Random House, London 2018, pp. 49-50 (traduzione delle autrici).
2 Roland Barthes, *La camera chiara. Nota sulla fotografia*, Einaudi, Torino 2003, p. 78.

trace their history, but we should always bear in mind that the photographs were not taken with any artistic aim.

Both the *ukiyo-e* prints and the Yokohama School albumen photos of the flower sellers, portrayed in scenes meticulously staged in a studio or outdoors, are characterised by compositions of an identical subject that are repetitive and barely differ from each other. For the majority of the photos, it has still not been possible to identify an author, but the attribution of the shots is to some extent secondary to the image itself and its vitality which, through time, is continually renewed via the gaze of those who make it theirs in a context other than the original one.
In what way is your investigation of the concepts of authorship, appropriation, serial production, and repetition key to your research and to your photographic language?

I am really fascinated by the errant aspect of a photographic image, its wanderings through the world and through history, and the diverse forms of cultural conditioning that influence its interpretation. That's why I work with antique materials that have a story, that have travelled, and lost their original "home." In my collection, this aspect coincides with the theme of the *motif*, as defined by Erwin Panofsky, founder of Iconology, who really speaks to me. The repeatability of a subject is the key to my photographic research. In the collection on Japan, and also in others, I base myself on recurrent motifs. By re-photographing these images, I add another level of complexity to the mystery of their author's identity, I underline the void, the lack. I am fascinated by the idea that, in 200 years' time, my prints may be taken for *Yokohama Shashin*.

At the MAO the interventions of contemporary artists are aimed, among other things, at exploring the meanings that traditional objects can communicate in the contemporary society. The engagement with the history and memory of its patrimony generates narratives and dialogues that integrate and enrich the museum's visitor itineraries.
Your gaze on Japanese culture seems almost "archaeological," since the past is investigated and reinterpreted through artistic practice. Do you see this process as taking refuge in a past to be updated, or as escaping from a present to be deconstructed?

I find it important to understand history also through the fragments it leaves in its wake. Photography is part of a discourse on recent history that was used to control, to record, to investigate, to explore...
The initial purpose for which most photographs were taken can be reinterpreted in different contexts and generate meanings that are the opposite of the original intentions. I am not driven by nostalgia, but conduct visual research to understand the original meaning of the images, even when this seems impossible. And many times that is the case: once the photographic image has been decontextualised and deprived of information, it reconveys its subject like "delayed rays of a star,"[2] remaining an unfathomable enigma.

1 Sōetsu Yanagi, *The Beauty of Everyday Things* (London: Penguin Random House, 2018), pp. 49–50.
2 Roland Barthes, *Camera Lucida: Reflections on Photography*, transl. by Richard Howard (New York: Hill and Wang, 1981), p. 81.

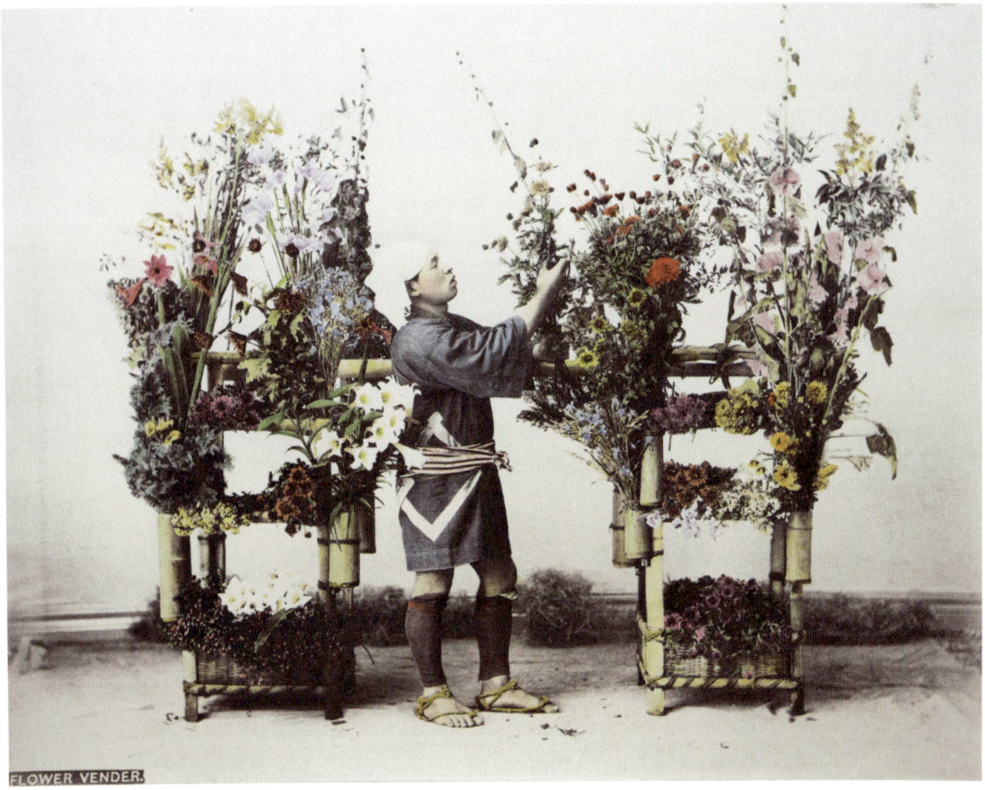

1

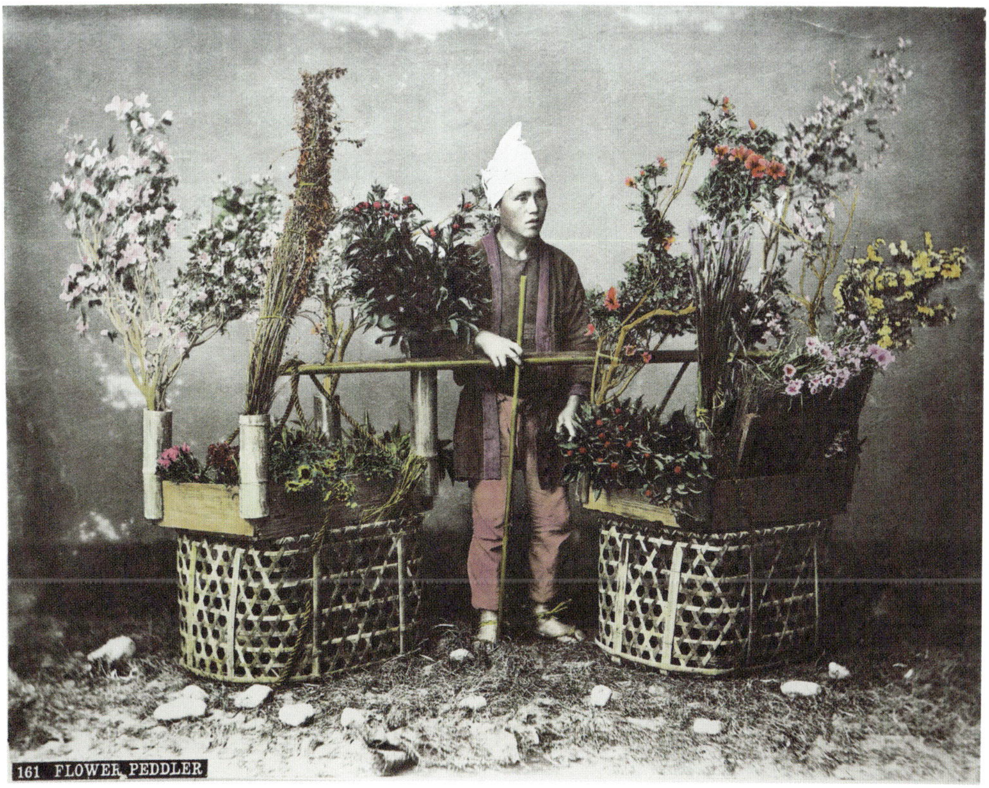
161 FLOWER PEDDLER

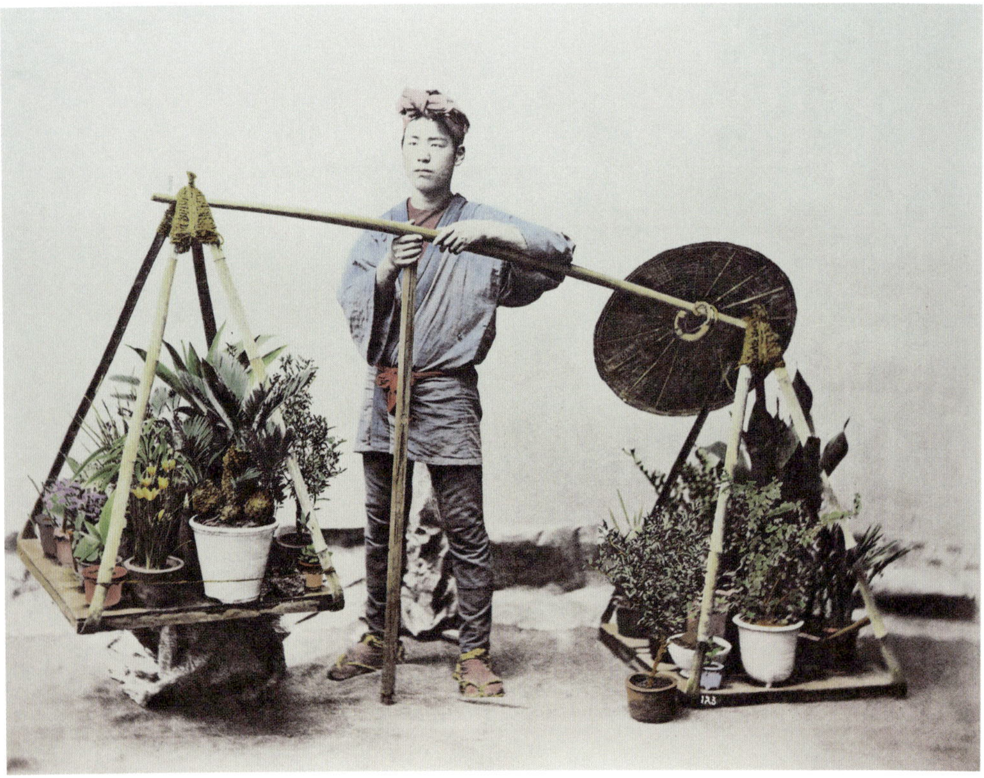

3

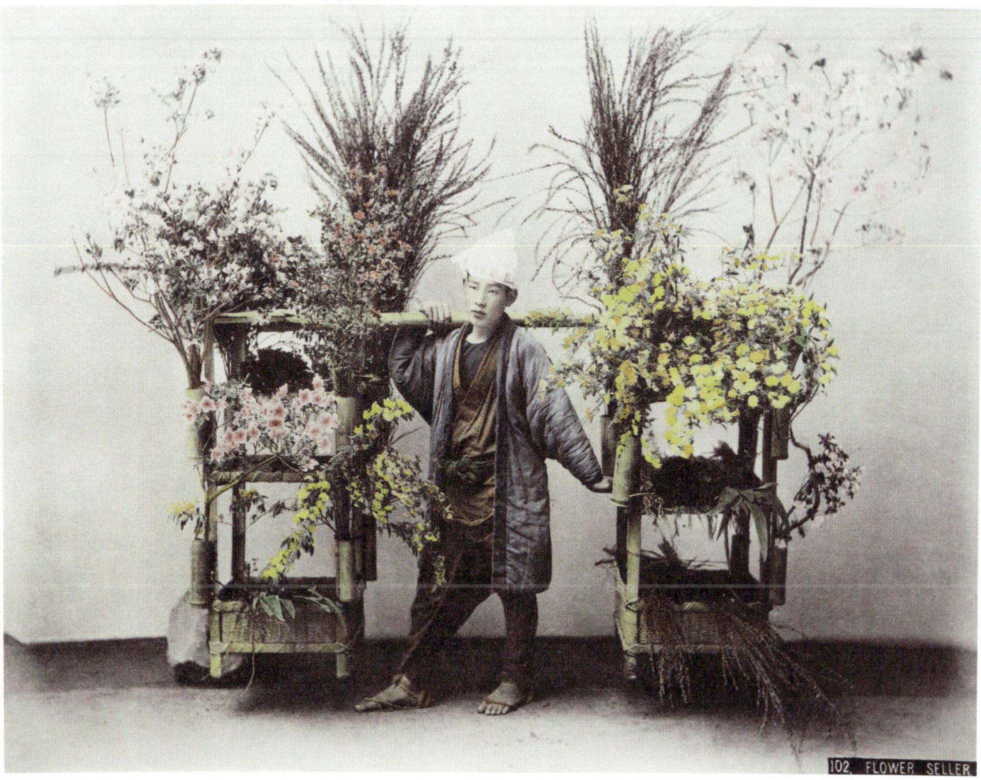
102. FLOWER SELLER

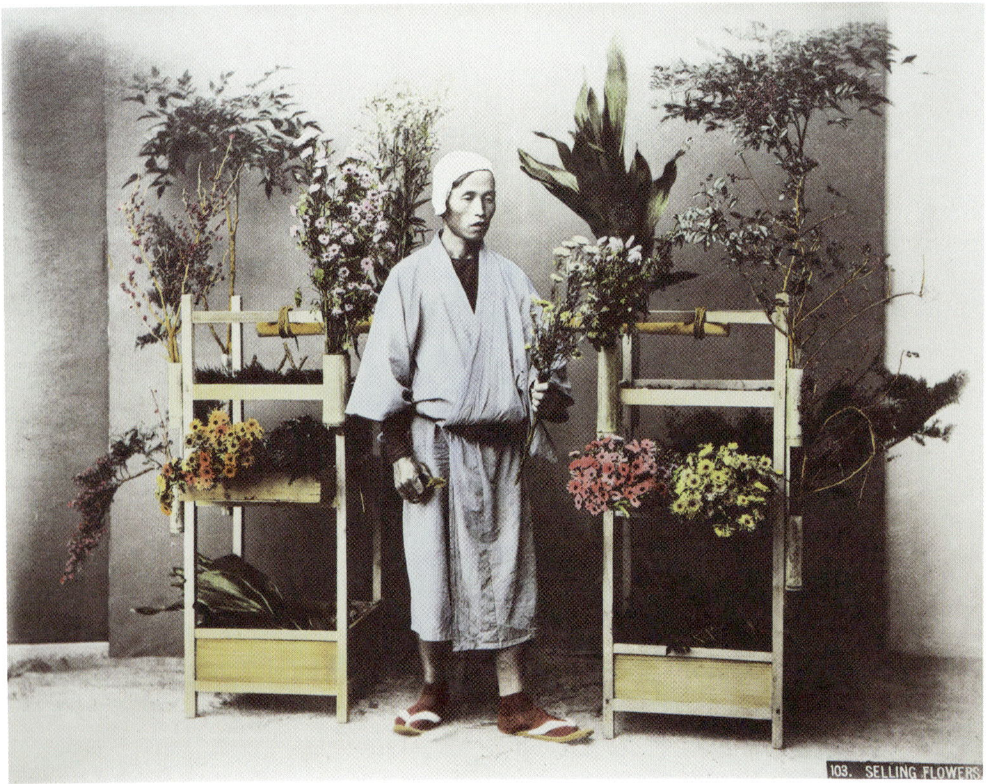

5

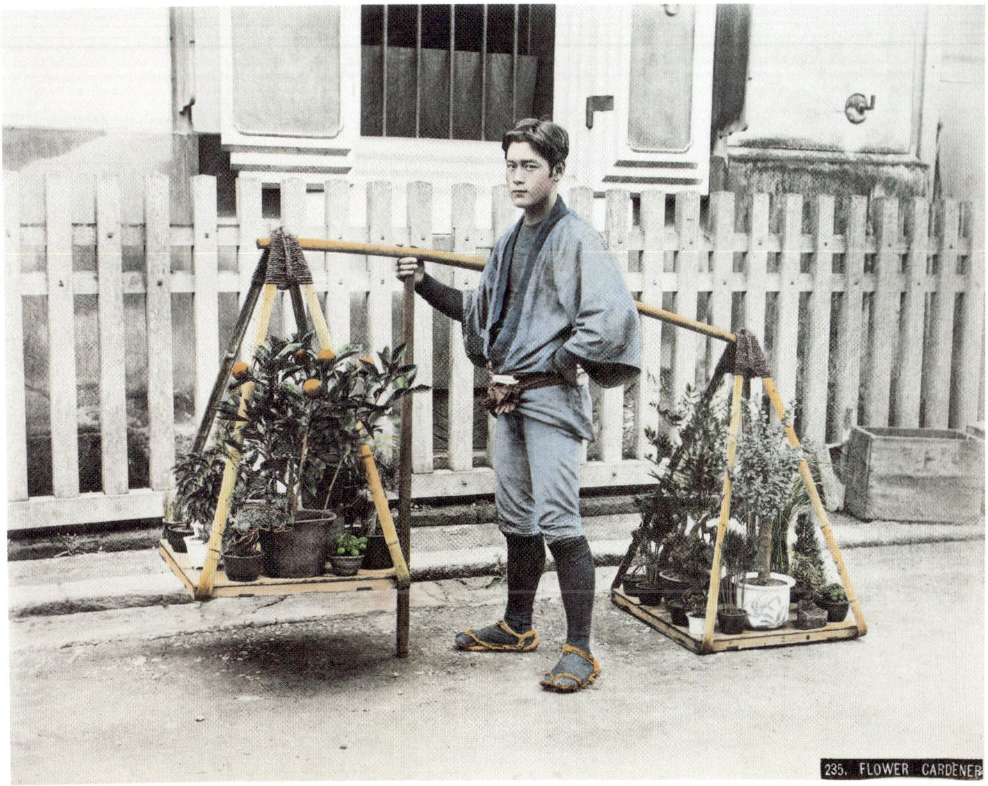
235. FLOWER GARDENER

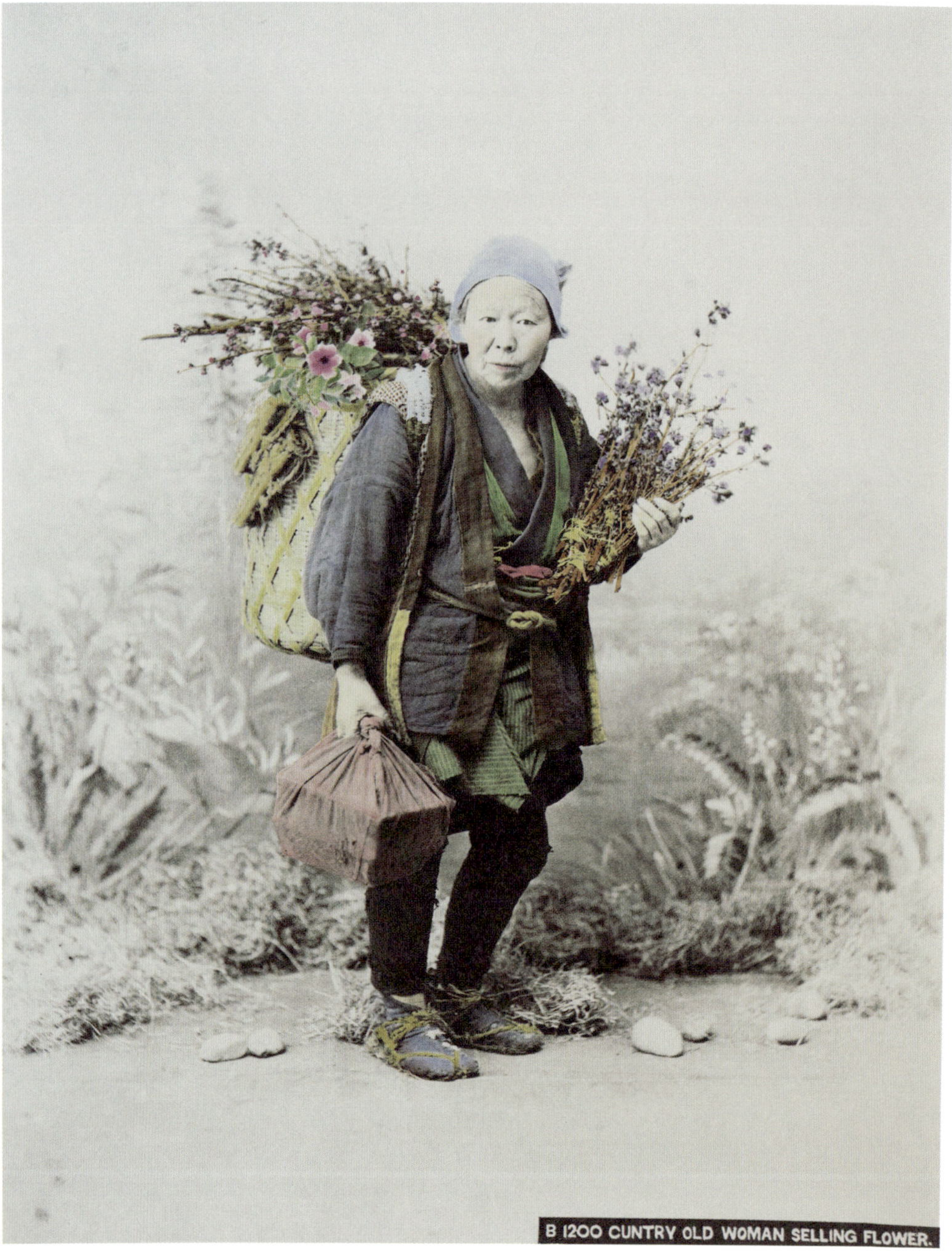

7

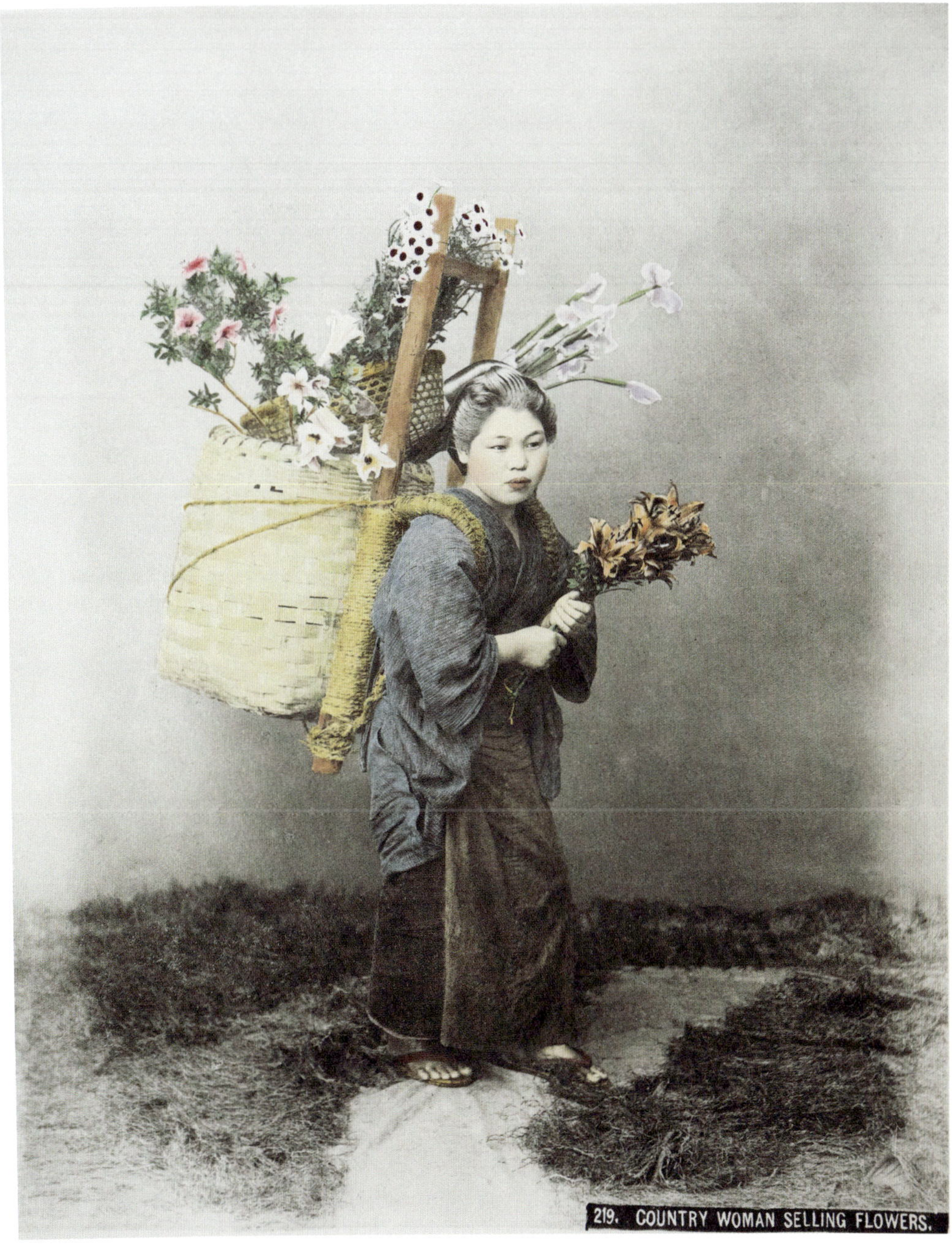
219. COUNTRY WOMAN SELLING FLOWERS.

Una questione di sguardi. *Things that Death Cannot Destroy* di Linda Fregni Nagler

Cristina Baldacci

Che cosa hanno in comune il celebre ritratto *en travesti* di Marcel Duchamp (fig. 9), che nel 1921 si mostra all'occhio fotografico dell'amico Man Ray come Rrose Sélavy, il suo alter ego femminile (con mani e braccia prestate da Germaine Everling, la compagna di Picabia), e il volto esotico di una giovane donna (fig. 10) dagli occhi a mandorla, la pelle di porcellana e le labbra vermiglie, fotografata all'incirca nello stesso periodo per rappresentare il canone di bellezza del 'nuovo Giappone'? Questi ritratti sono stati scelti e accostati per *Things that Death Cannot Destroy*, la doppia proiezione per lanterna magica, accompagnata da una voce narrante le didascalie presenti sui vetri delle immagini (appartenenti al tardo Ottocento e primo Novecento), che negli ultimi quindici anni Linda Fregni Nagler ha messo in scena in diversi teatri e musei, tra cui il MAO di Torino (2 novembre 2024), aggiornando e ricontestualizzando ogni volta le coppie di diapositive che ne compongono la sequenza.
Per quanto culturalmente lontani, nonostante l'influenza che il giapponismo ebbe soprattutto sull'arte francese *fin de siècle*, i due ritratti rivelano un'affinità di gesti, posture, archetipi che rimandano alla lunga storia della rappresentazione. Aby Warburg, negli anni venti, ne diede una definizione come "formule di pathos", impressioni di memoria in grado di superare, ben prima della globalizzazione e digitalizzazione delle immagini, i confini geografico-temporali. Non per nulla, con il suo enciclopedico Atlante visivo, *Mnemosyne*, composto perlopiù da riproduzioni fotografiche di opere d'arte (un esempio per Fregni Nagler), lo storico dell'arte tedesco inaugurò la disciplina oggi chiamata cultura visuale.
L'accostamento dei volti di Duchamp/Sélavy e della giovane giapponese attesta anche quanto, un secolo dopo la sua nascita come mezzo di riproduzione della modernità industriale, la fotografia abbia profondamente influenzato il modo in cui il mondo è stato guardato, compreso, condiviso. Come la stessa Fregni Nagler dichiara, *Things that Death Cannot Destroy* ripercorre "la storia dello sguardo sull'alterità", mostrando quell'ossessione ardente che, a partire dall'Ottocento,

A Question of Gazes. *Things that Death Cannot Destroy* by Linda Fregni Nagler

Cristina Baldacci

What does the famous portrait of Marcel Duchamp in drag (fig. 9), who in 1921 presented himself to Man Ray's photographic eye as Rrose Sélavy, his female alter ego (with the arms and hands of Picabia's partner, Germaine Everling), have in common with the exotic face of a young woman (fig. 10) with almond eyes, porcelain skin and vermilion lips, photographed at around the same time to represent the beauty standard of the "new Japan"?
These two portraits were chosen and juxtaposed for *Things that Death Cannot Destroy*, the double magic lantern projection, accompanied by a voice reading the captions on the glass slides, dating from the late 19th and early 20th century. Over the last 15 years, Linda Fregni Nagler has staged this project in different theatres and museums, including the MAO in Turin (2 November 2024), updating and recontextualising the pairs of slides that compose the sequence for each event.
Although the portraits are culturally poles apart, and notwithstanding the influence of Japonisme on French *fin-de-siècle* art in particular, they reveal a kinship of gestures, poses and archetypes that reference the long history of representation. In the 1920s Aby Warburg defined these as "pathos formulas," impressions of memory that, way before the globalisation and digitisation of images, were able to go beyond geographic and temporal boundaries. Not for nothing did the German art historian inaugurate the discipline now known as visual culture with his encyclopaedic visual Atlas, *Mnemosyne*, composed mainly of photographic reproductions of works of art – an example for Fregni Nagler.
The juxtaposition of the faces of Duchamp/Sélavy and the young Japanese woman also attests to the degree in which photography, a century after its introduction as a means of representation of industrial modernity, profoundly influenced the way in which the world was looked at, understood and shared.
As Fregni Nagler herself has said, *Things that Death Cannot Destroy* traces "the history of the gaze on otherness," revealing the burning obsession that, starting

ha spinto specialmente la società occidentale a collezionare persone, oggetti, luoghi attraverso la fotografia, con un duplice intento: far scoprire ciò che era ancora ignoto negli angoli più remoti della Terra, generando meraviglia e conoscenza, ed esercitare un determinato regime visivo, che è tuttora un'efficace forma di controllo. Quello dell'artista è pertanto un viaggio a ritroso sia nella sfera di ciò che è stato ritenuto mirabile, sia nell'immaginario che ha contribuito a definire l'Antropocene, l'era in cui le politiche dell'estrattivismo – incentrate sullo sfruttamento delle risorse naturali e umane – stanno inesorabilmente cambiando le nostre abitudini e le modalità con cui ci relazioniamo con l'altro, chiunque esso sia, umano o non umano.

La fotografia non solo è figlia di questo sfruttamento, perché come dispositivo sia tecnico che visivo si basa su economie e politiche colonialiste (l'estrazione di minerali e il potere sui corpi), ma come indica il titolo scelto da Fregni Nagler per il suo lavoro, sopravvive alla morte dei soggetti che rappresenta. È così che in un montaggio di immagini tra il *démodé* e il surrealista, con lo stesso stupore degli spettatori che assistevano alle prime proiezioni con lanterne magiche, ma forse anche con maggiore consapevolezza, vediamo riaffiorare dal passato, accomunati da corrispondenze formali: il diamante Cullinan, il più grande minerale raro mai estratto da una miniera (fig. 15), e il volto di una ragazza africana con disco labiale (fig. 16); un enorme scheletro di cetaceo esposto nel Museo Oceanografico di Monaco (fig. 13) e una balena pescata a Durban (fiorente centro dell'industria baleniera in sud Africa per quasi tutto il Novecento), che, esanime, accoglie tra le fauci il suo aguzzino o compratore (fig. 14); il piramidologo John Edgar che, accovacciato, discende la Grande Piramide di Giza (fig. 11) e il calco del cane di Pompei eternato in posizione fetale dalla lava del Vesuvio (fig. 12).

in the 19th century, drove Western society in particular to collect people, objects and places in photographic form. The aim was twofold: to reveal what was still unknown in the farthest corners of the Earth, creating wonder and knowledge, and to exercise a specific visual regime that is still an effective means of control. Thus, the artist undertakes a backwards journey within the sphere of the wondrous and of imagery that has contributed to defining the Anthropocene: the era in which the politics of extraction, centred on the exploitation of natural and human resources, are inexorably changing our habits and the ways in which we relate to the other, whether human or non-human.
Photography is not only the child of this exploitation, being both a technical and visual device based on colonialist economics and politics (the extraction of minerals and power over bodies), but, as indicated by the title Fregni Nagler has chosen for her work, it also outlives the subjects it represents. Thus, with the same astonishment as the spectators who watched the first magic lantern projections, but perhaps with greater awareness, we see a montage of formally related images – halfway between *démodé* and surrealist – re-emerge from the past: the Cullinan Diamond, the largest rare mineral ever extracted from a mine (fig. 15), and the face of an African girl with a lip plate (fig. 16); an enormous skeleton of a whale displayed at the Oceanographic Museum of Monaco (fig. 13) and a whale caught at Durban (a flourishing hub of the whaling industry in South Africa throughout the 20th century) that, lifeless, houses its tormentor or buyer into its jaws (fig. 14); the pyramidologist John Edgar crouching as he descends the Great Pyramid of Giza (fig. 11) and the cast of a Pompeian dog immortalised in a curled-up position by lava from Mount Vesuvius (fig. 12).

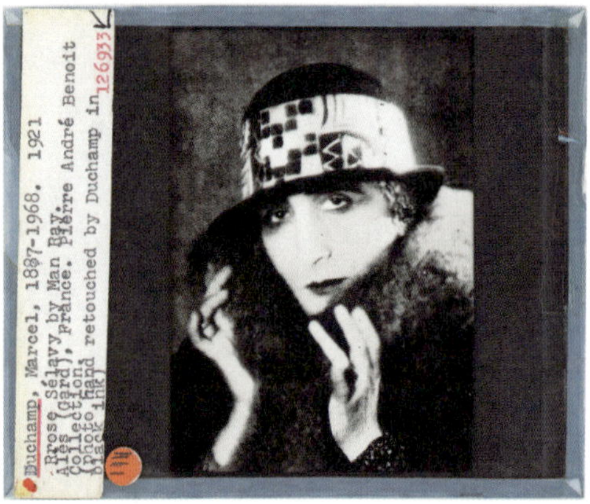
Duchamp, Marcel, 1887-1968. 1921
Pierre André Benoit
retouched by Duchamp in
126933

9

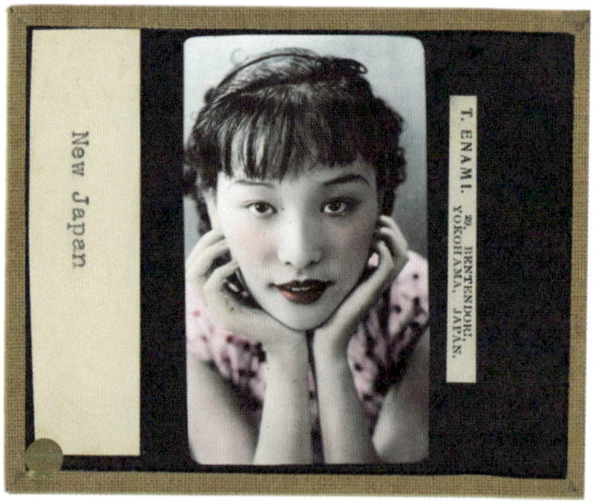
New Japan
T. ENAMI. 20, BENTENDORI,
YOKOHAMA, JAPAN.

10

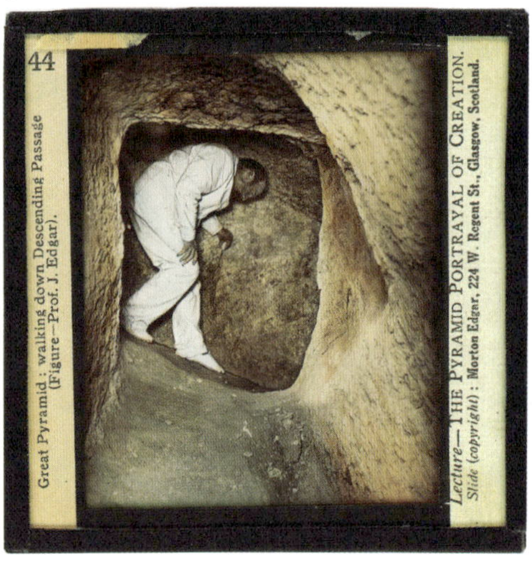
44
Great Pyramid : walking down Descending Passage
(Figure—Prof. J. Edgar).
Lecture—THE PYRAMID PORTRAYAL OF CREATION.
Slide (copyright) : Morton Edgar, 224 W. Regent St., Glasgow, Scotland.

11

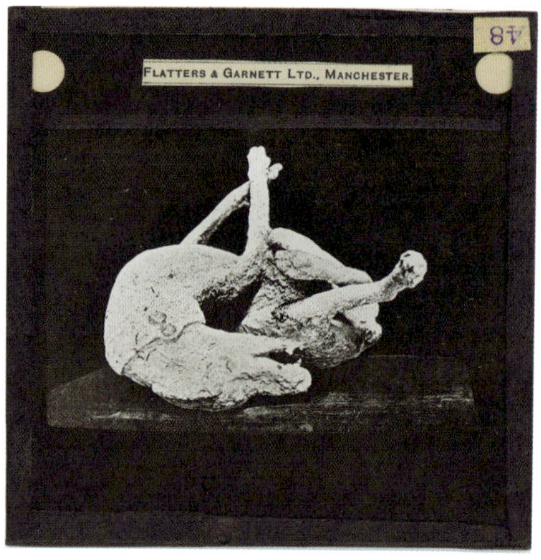
FLATTERS & GARNETT LTD., MANCHESTER.

12

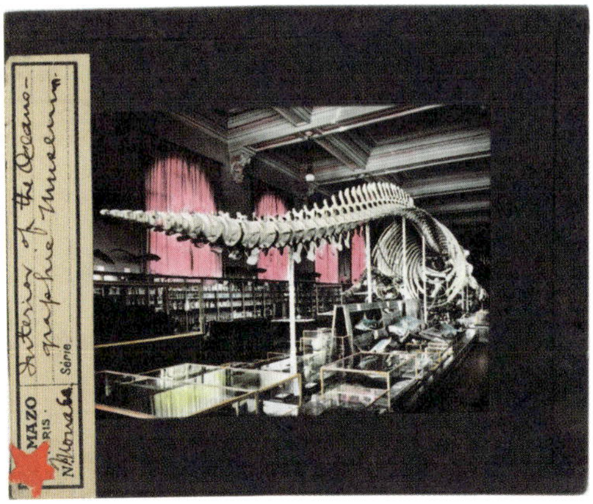

13

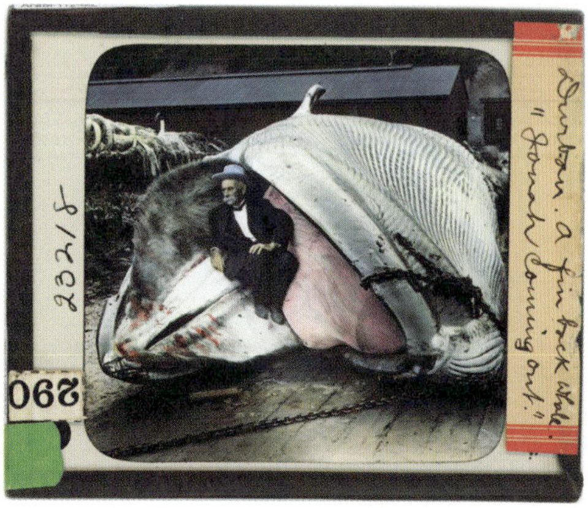

14

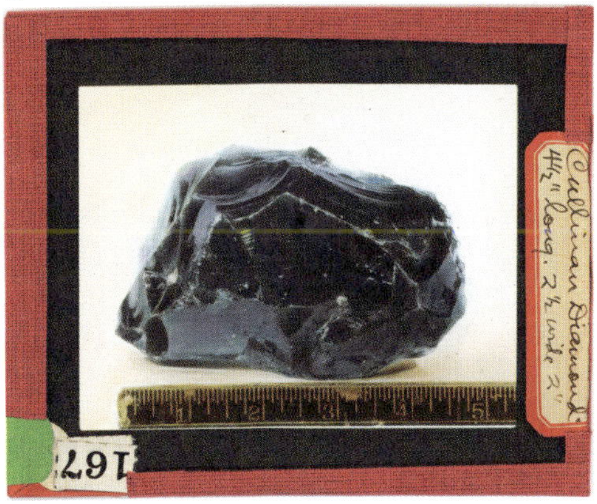

15

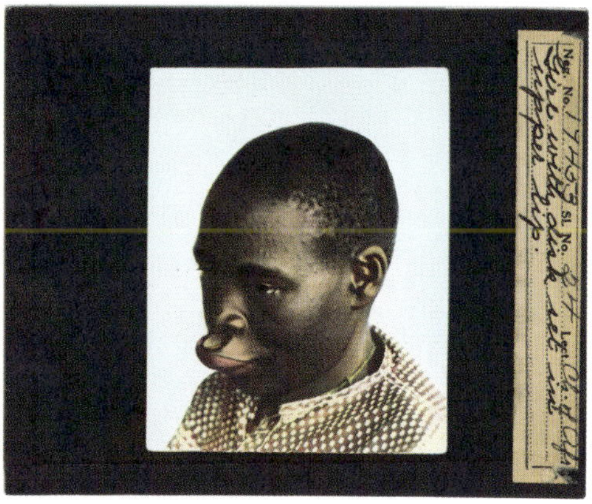

16

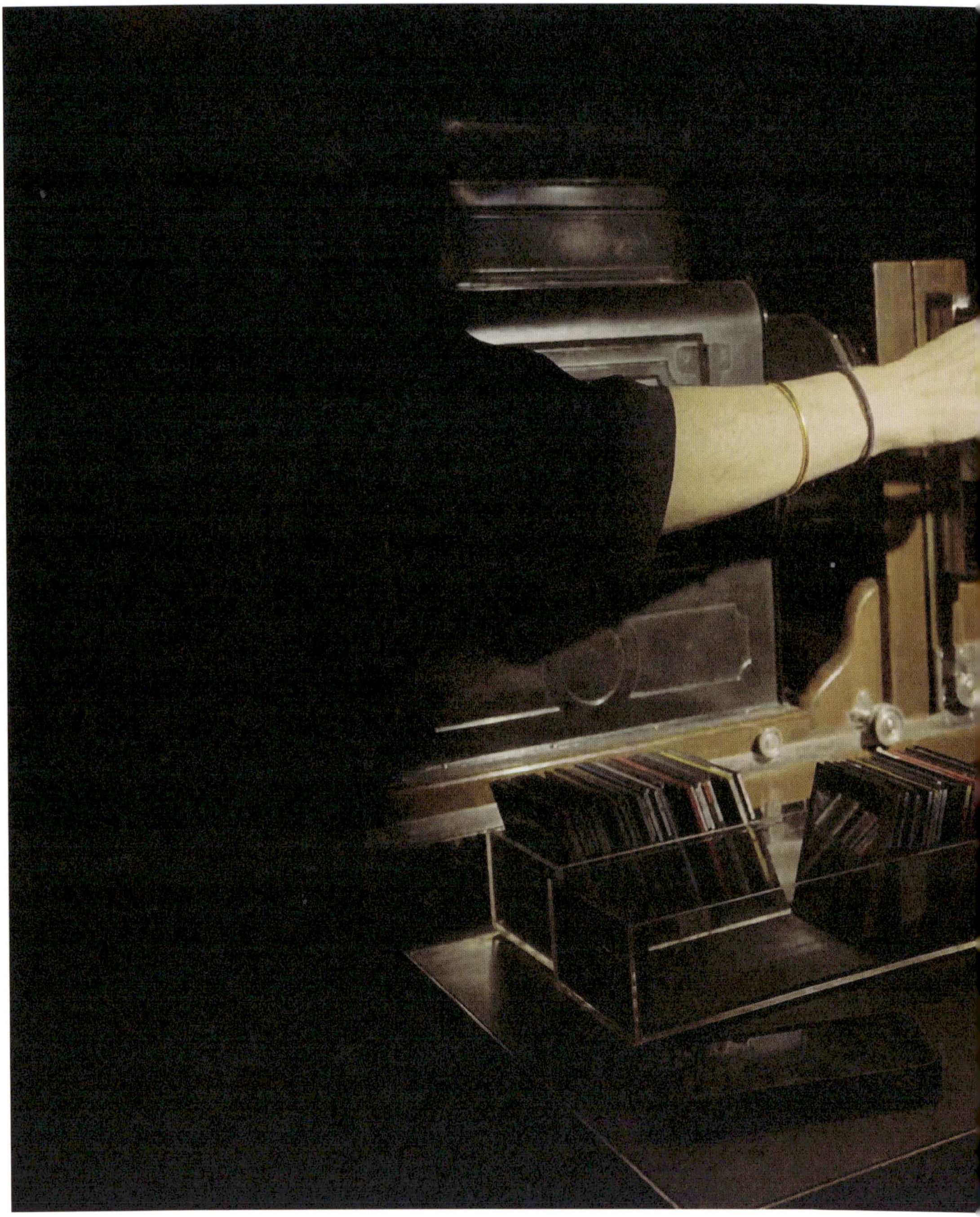

17

Vivere al ritmo della natura. I fiori nel quotidiano del Giappone tradizionale

Manuela Moscatiello

Le albumine presentate in occasione della mostra *Hanauri* evocano uno degli aspetti fondamentali della cultura nipponica: la profonda passione per la natura. Durante il periodo Edo (1603-1868), la pratica del giardinaggio, da sempre radicata nella tradizione giapponese, conobbe una straordinaria fioritura, soprattutto nella città di Edo (l'attuale Tōkyō). La coltivazione di piante in vaso e fiori si diffuse considerevolmente, coinvolgendo tutte le classi sociali, dall'aristocrazia alla gente comune. Tra le classi nobili, l'élite guerriera ne fu particolarmente sedotta. I *bushi*, meglio noti come samurai, si entusiasmarono per le specie più insolite (*kihin*), caratterizzate da foglie maculate o da forme atipiche, come le felci "a scopa" (*matsubaran*), contribuendo alla nascita di una cultura del giardinaggio unica all'epoca[1].

Tale interesse, che divenne uno dei passatempi preferiti dei cittadini, non passò inosservato al botanista inglese Robert Fortune (1812-1880). Nel resoconto sul suo soggiorno giapponese, *Yedo and Peking* (1863), egli constata che: "una delle principali caratteristiche della popolazione, sia delle classi alte che di quelle più umili, è l'amore per i fiori. Quasi tutte le abitazioni che aspirano a una certa rispettabilità hanno un giardino fiorito sul retro, spesso di piccole dimensioni ma ben curato; questo contribuisce a migliorare il comfort e la felicità della famiglia"[2]. In effetti, a Edo vennero creati spazi verdi anche in ambito domestico, permettendo agli abitanti di ammirare la ricchezza delle specie vegetali non solo nei templi e nei santuari, ma anche nei giardini privati.

L'emergere di una cultura del verde così radicata contribuì anche a un importante sviluppo in campo artistico e letterario, soprattutto durante l'epoca Meiwa (1764-1771). Si intensificò infatti la produzione di xilografie policrome e la pubblicazione di libri illustrati, manuali sulle piante e sui metodi di coltivazione, oltre a enciclopedie botaniche. Tra queste spicca il *Libro illustrato di piante medicinali* (*Honzō Zufu*) di Iwasaki Tsunemasa (1786-1842), opera monumentale composta da oltre novanta fascicoli pubblicati tra il 1830 e il 1844.

Living to the Rhythm of Nature. Flowers in the Daily Life of Traditional Japan

Manuela Moscatiello

The albumen prints on display in the exhibition *Hanauri* evoke one of the fundamental aspects of Japanese culture: a profound passion for nature. During the Edo period (1603–1868), the long-standing tradition of gardening in Japan experienced a significant growth, especially in the city of Edo (present-day Tōkyō). The cultivation of potted plants and flowers became widespread, engaging all social classes, from the aristocracy to ordinary people. Among the noble classes, the warrior elite showed a particularly keen interest. The *bushi*, better known as samurai, were fascinated by rare species (*kihin*), characterised by speckled leaves or unusual shapes, such as the "broom" ferns (*matsubaran*), thereby contributing to the development of a culture of gardening unique at that time.[1]

This interest, which developed into one the population's favorite pastimes, did not go unnoticed by the English botanist Robert Fortune (1812–80). In his travelogue *Yedo and Peking* (1863), he observed: "One marked feature of the people, both high and low, is a love for flowers. Almost every house which has any pretension to respectability has a flower garden in the rear, oftentimes indeed small, but neatly arranged; this adds greatly to the comfort and happiness of the family."[2] Indeed, green spaces were created even in domestic settings in Edo, allowing residents to admire a rich diversity of plant species not only in temples and shrines but also in private gardens. The emergence of such a deeply rooted culture of greenery also led to significant developments in the artistic and literary fields, particularly during the Meiwa era (1764–71). There was a considerable increase in the production of polychrome woodblock prints and illustrated books, including manuals on plants and cultivation techniques, as well as botanical encyclopaedias. Outstanding among these was the *Honzō Zufu* (*Illustrated Manual of Medicinal Herbs*) by Iwasaki Tsunemasa (1786–1842), a monumental work comprising over 90 volumes, published between 1830 and 1844.

L'amore innato dei giapponesi per i fiori si manifesta in tradizioni secolari, come la contemplazione dei ciliegi in fiore (*hanami*) all'inizio della primavera, risalente al periodo Heian (794-1185). Il *sakura* simboleggia, con la sua breve fioritura, la bellezza effimera e la fugacità dell'esistenza. Questo fiore è celebrato anche nella poesia sin dall'antichità: uno degli esempi più emblematici è la *Raccolta di diecimila foglie* (*Man'yōshū*, compilata nella seconda metà dell'VIII secolo).
Come l'*hanami*, anche il *momijigari* (letteralmente "caccia alle foglie rosse") è un'antica consuetudine giapponese che consiste nell'andare ad ammirare le sfumature autunnali del fogliame. Particolarmente apprezzati sono gli aceri (*momiji*), per i loro vividi toni di rosso, e i *ginkgo biloba* (*ichō*), le cui foglie virano dal verde al giallo dorato.
Tali pratiche si diffusero ampiamente durante l'era Edo, favorite dal crescente interesse per le gite nei luoghi celebri (*meisho*) e dalle mostre floreali, che divennero una forma di svago particolarmente apprezzata. Attività di questo tipo si riflettono nella produzione artistica dell'epoca, in particolare nelle stampe *ukiyo-e*, contribuendo a consolidarne l'immaginario collettivo.
Il fiore di ciliegio è uno dei motivi più ricorrenti negli stemmi araldici (*kamon*) ed è tra i soggetti più rappresentati da pittori e artigiani giapponesi. La delicata bellezza di questo fragile emblema della primavera, solitamente bianco o rosa pallido, è evocata in mostra nel dipinto che raffigura una delle varietà più popolari, la *Somei Yoshino* (fig. 19). Kawamura Bunpō (1779-1821), artista attivo principalmente a Kyōto, ha rappresentato i diversi elementi dell'albero applicando direttamente inchiostro e colori sulla seta, senza disegnare prima i contorni. Questa tecnica, di origine cinese, è conosciuta in Giappone come *mokkotsuga* (letteralmente "pittura senza osso"). Il ramo, caratterizzato da un movimento curvilineo accentuato[3], è stato realizzato con la tecnica dello *tsuketate*, una variante del *mokkotsu*, che consiste nello schiacciare lateralmente il pennello per evocare con grande realismo l'aspetto sinuoso dei rami e dei tronchi. I fiori, disposti in piccoli gruppi lungo il ramo, hanno una forma armoniosa: cinque petali leggermente sfrangiati si aprono in una corolla soffice e trasparente, esprimendo tutta la grazia effimera della fioritura.
Alcuni alberi di ciliegio dal tronco robusto costituiscono il motivo decorativo principale, insieme a due coppie di pavoni (*kujaku*) – in cui il maschio dispiega le piume della coda per corteggiare la femmina –, di un'altra opera esposta in mostra: un *uchikake*, una sorta di soprabito formale indossato solitamente dalle spose o durante le rappresentazioni teatrali (fig. 23). In questo caso, i *sakura* sono stati resi con fili di seta di diversi colori, tra cui il bianco e il rosa, utilizzando la tecnica di ricamo chiamata *hira-nui*, che prevede una serie di punti paralleli, vicini ma non sovrapposti[4], eseguiti su un crêpe bianco tinto a riserva in una delicata tonalità di azzurro. L'uso di fili dorati (*kinshi*) e argentati (*ginshi*), impiegati per mettere in risalto alcuni elementi paesaggistici, contribuisce alla raffinatezza di questo prezioso manufatto.
Quanto al kimono in crêpe rosso (fig. 21), esso rende omaggio alla cosiddetta "regina dei fiori", ovvero la peonia (*botan*). Originaria della Cina, questa pianta fu probabilmente introdotta in Giappone all'inizio dell'epoca Heian, dove divenne simbolo di bellezza e potere[5]. Sul raffinato tessuto, le peonie sono state ricamate tra alte recinzioni (*chigaki*) e fenici (*hōō*) in volo. Quest'uccello leggendario è considerato di buon auspicio poiché nell'antica Cina si credeva che apparisse in occasione di eventi felici.
Peonie multicolori impreziosiscono il raso di seta di un altro indumento, questa volta di tipo religioso, caratterizzato da un fondo rosso caldo e luminoso (fig. 26). Si tratta di un *kesa* (dal sanscrito *kasaya*), la veste tradizionale indossata sopra l'abito quotidiano dai monaci buddhisti. L'eleganza del fiore si accompagna a diversi oggetti sacri legati al buddhismo, come il chiodo di garofano (*chōji*), noto per le sue straordinarie proprietà medicinali, e il rotolo delle scritture sacre

The innate love of the Japanese for flowers is reflected in centuries-old traditions, such as cherry blossom viewing (*hanami*) in early spring, dating back to the Heian period (794–1185). The *sakura*, with its brief flowering, symbolises ephemeral beauty and the transience of life. This flower has been celebrated in poetry since ancient times, one of the most emblematic examples being the *Man'yōshū* (*Collection of Ten Thousand Leaves*), compiled in the latter half of the 8th century. Like *hanami*, *momijigari* (literally "red leaf hunting") is another ancient Japanese tradition, involving the appreciation of autumn foliage. Particularly admired are the maples (*momiji*), known for their vivid red hues, and the *ginkgo biloba* (*ichō*), whose leaves turn from green to golden yellow.

Such practices became widespread during the Edo era, encouraged by the growing interest in excursions to famous sites (*meisho*) and in flower exhibitions, which became a popular leisure pursuit. These activities found expression in the art of the time, especially in *ukiyo-e* prints, contributing to the consolidation of their collective imagery.

Cherry blossom is one of the most recurring motifs in heraldic emblems (*kamon*) and among the most frequently depicted subjects by Japanese painters and artisans. The delicate beauty of this fragile symbol of spring, usually white or pale pink, is evoked in the exhibition by a painting depicting one of the most popular varieties, *Somei Yoshino* (fig. 19). Kawamura Bunpō (1779–1821), an artist mainly active in Kyōto, painted the tree's various elements by applying ink and colours directly to silk, without preliminary outlines. Of Chinese origin, this technique is known in Japan as *mokkotsuga* (literally "boneless painting"). The branch, characterised by a pronounced curvilinear movement,[3] was created using the *tsuketate* technique, a variant of *mokkotsu*, which employs thick, vigorous brush strokes to realistically evoke the sinuous appearance of branches and trunks. The flowers, arranged in small clusters along the branch, are harmoniously shaped: five slightly frayed petals open into a soft and translucent corolla, expressing all the ephemeral grace of the blossom.

Sturdy cherry trees are the main decorative motif – alongside two pairs of peacocks (*kujaku*), in which the male fans out its tail feathers to court the female – in another work on exhibit: an *uchikake*, a type of formal outer robe usually worn by brides or during theatrical performances (fig. 23). In this piece, the *sakura* are depicted with silk threads in various colours, including white and pink, using the embroidery technique called *hira-nui*, which involves a series of parallel, closely spaced but not overlapping stitches,[4] executed on white crêpe dyed using a resist technique in a delicate shade of blue. The use of gold (*kinshi*) and silver threads (*ginshi*), highlighting certain landscape elements, enhances the refinement of this precious garment.

The red crêpe kimono (fig. 21), on the other hand, pays tribute to the so-called "queen of flowers," the peony (*botan*). Native to China, the plant was likely introduced to Japan at the beginning of the Heian period, where it became a symbol of beauty and power.[5] On the fine fabric, the peonies are embroidered among tall fences (*chigaki*) and flying phoenixes (*hōō*). This legendary bird is considered auspicious, as it was believed in ancient China to appear during joyful events.

Multicoloured peonies also adorn the silk satin of another garment – this time a religious one – featuring a vivid red background (fig. 26). It is a *kesa* (from the Sanskrit *kasaya*), the traditional robe worn over the daily clothing of Buddhist monks. The elegant flower is accompanied by various sacred Buddhist objects, such as the clove bud (*chōji*), known for its exceptional medicinal properties, and the sacred scripture scroll (*takaramaki*). These elements belong to a group of auspicious symbols known in Japanese popular culture as *takaramono*, typically associated with the Seven Lucky Gods (*Shichifukujin*).

On one of the lacquered wooden boxes displayed, the peony, shown in full bloom with wide and soft petals, intertwines with a sinuous vegetal arabesque pattern (*karakusa*), creating a harmonious and elegant decoration (fig. 28).

(*takaramaki*). Questi elementi appartengono a un insieme di simboli propiziatori conosciuti nella cultura popolare giapponese come *takaramono*, solitamente associati alle Sette Divinità della Fortuna (*Shichifukujin*).
In una delle scatole in legno laccato presenti nel percorso espositivo, la peonia, raffigurata in piena fioritura, con petali ampi e morbidi, si intreccia con il motivo ad arabesco di tralci vegetali sinuosi (*karakusa*), dando vita a una decorazione armoniosa ed elegante (fig. 28).
Tra i fiori da giardino più amati dagli abitanti di Edo si annoverano il convolvolo (*asagao*), l'iris giapponese (*hanashōbu*) e il crisantemo (*kiku*), di cui furono selezionate numerose varietà. La passione per queste specie floreali si riflette anche nel loro impiego come motivi decorativi in diversi ambiti, tra cui l'arte della lacca. Il crisantemo, fiore autunnale per eccellenza, si distingue per il suo forte valore simbolico: a differenza del *sakura*, che richiama la fugacità della vita, esso incarna un auspicio di longevità e immortalità.
Tradizionalmente associato alla corte imperiale, il crisantemo è rappresentato in maniera stilizzata, con una forma rotonda e geometrica (*kikumaru*), come si osserva in una delle scatole in mostra, dove il motivo dorato si staglia sul fondo di legno laccato nero (fig. 27). Su questo supporto, il crisantemo costituisce il motivo principale, alternandosi alle foglie di paulownia (*kiri*) con diciassette infiorescenze, emblema noto come *goshichi no kiri*, simbolo di autorità e prestigio. Alcune delle *Sette erbe dell'autunno* (*Aki no nanakusa*)[6], tra cui la lespedeza (*hagi*), il miscanto o erba della pampa (*susuki*), la patrinia (*ominaeshi*) e la campanula (*kikyō*) completano l'ornamento di questo pregevole oggetto.
Come gli *haiku*[7], molte opere d'arte grafica e manufatti tradizionali giapponesi incorporano riferimenti alla stagione in corso. Questo richiamo stagionale non è solo un elemento estetico ma contribuisce a creare un legame profondo con la natura e il ciclo del tempo, conferendo all'opera un significato simbolico e culturale più profondo.
Il susseguirsi delle stagioni è da sempre fonte di piacere per il popolo giapponese, notoriamente sensibile ai ritmi della natura. La presenza delle stagioni si riflette non solo nell'organizzazione delle abitazioni, testimonianza di uno stile di vita profondamente armonizzato con l'ambiente naturale, ma anche nella scelta di attività, cibi, abiti e oggetti in sintonia con il momento presente.

1 *Kakai ku Edo no engei/Flowers in Bloom: The Culture of Gardening in Edo*, Edo-Tōkyō Museum, Tōkyō 2013, p. 138.
2 Ayako Nagase, *Japanese floriculture development in the Edo period (1603-1868)*, in "HortResearch", 65, 2011, p. 1.
3 È interessante notare che rami di questo tipo, caratterizzati da una forma singolare, erano tradizionalmente considerati di buon auspicio.
4 Kawakami Shigeki, *Nihon no shishū*, Kyōto-shi, Kyōto Shoin 1993, p. 86.
5 *Nihon no monyō/Traditional Japanese Patterns and Motifs*, Pie International, Tōkyō 2013, p. 12.
6 Uno dei simboli più evocativi della stagione autunnale è rappresentato da queste sette piante, note per richiamare l'aspetto transitorio e mutevole della natura. La loro prima menzione risale alla *Man'yōshū* (*Raccolta delle diecimila foglie*), una delle più antiche antologie poetiche giapponesi.
7 Gli *haiku*, o *haikai*, sono brevi composizioni poetiche di tre versi che includono una parola chiave, detta *kigo*, che allude o indica direttamente una stagione.

Among the garden flowers best loved by Edo's inhabitants were morning glories (*asagao*), Japanese irises (*hanashōbu*), and chrysanthemums (*kiku*), of which many varieties were developed. The passion for these floral species is also reflected in their use as decorative motifs in various fields, including lacquer art. The chrysanthemum, the quintessential autumn flower, is distinguished by its strong symbolic value: unlike *sakura*, which evokes the fleeting nature of life, it embodies a desire for longevity and immortality.

Traditionally associated with the imperial court, the chrysanthemum is often stylised in a round, geometric shape (*kikumaru*), as seen on one of the boxes in the exhibition, where the golden motif stands out against a black lacquered wooden background (fig. 27). On this surface, the chrysanthemum is the main motif, alternating with paulownia (*kiri*) leaves bearing 17 inflorescences, a symbol known as *goshichi no kiri*, representing authority and prestige. Some of the *Seven Herbs of Autumn* (*Aki no nanakusa*),[6] including bush clover (*hagi*), pampas grass (*susuki*), patrinia (*ominaeshi*), and bellflower (*kikyō*), complete the decoration of this exquisite object.

Like *haiku*,[7] many works of graphic art and traditional Japanese crafts incorporate references to the current season. This seasonal allusion is not only an aesthetic element, but also fosters a deep connection with nature and the passage of time, giving the work greater symbolic and cultural meaning.

The changing of the seasons has always been a source of joy for the Japanese people, who are renowned for their feeling for the rhythms of nature. The seasonal cycle is reflected not only in the layout of homes – attesting to a lifestyle in profound harmony with the natural environment – but also in the choice of activities, food, clothing, and objects attuned to the here and now.

1 *Kakai ku Edo no engei/Flowers in Bloom: The Culture of Gardening in Edo* (Tōkyō: Edo-Tōkyō Museum, 2013), p. 138.

2 Ayako Nagase, "Japanese Floriculture Development in the Edo Period (1603–1868)," *HortResearch*, no. 65 (2011): p. 1.

3 It is interesting to note that branches of this kind, distinguished by their unusual shape, were traditionally considered auspicious.

4 Kawakami Shigeki, *Nihon no shishū* (Kyōto Shoin: Kyōto-shi, 1993), p. 86.

5 *Nihon no monyō/Traditional Japanese Patterns and Motifs* (Tōkyō: Pie International, 2013), p. 12.

6 One of the most evocative symbols of the autumn season is represented by these seven plants, known for recalling the transient and ever-changing nature of life. Their first mention dates back to the *Man'yōshū* (*Collection of Ten Thousand Leaves*), one of the oldest Japanese anthologies of poetry.

7 *Haiku*, or *haikai*, are short poetic compositions of three lines that include a keyword, known as *kigo*, which alludes to or directly indicates a season.

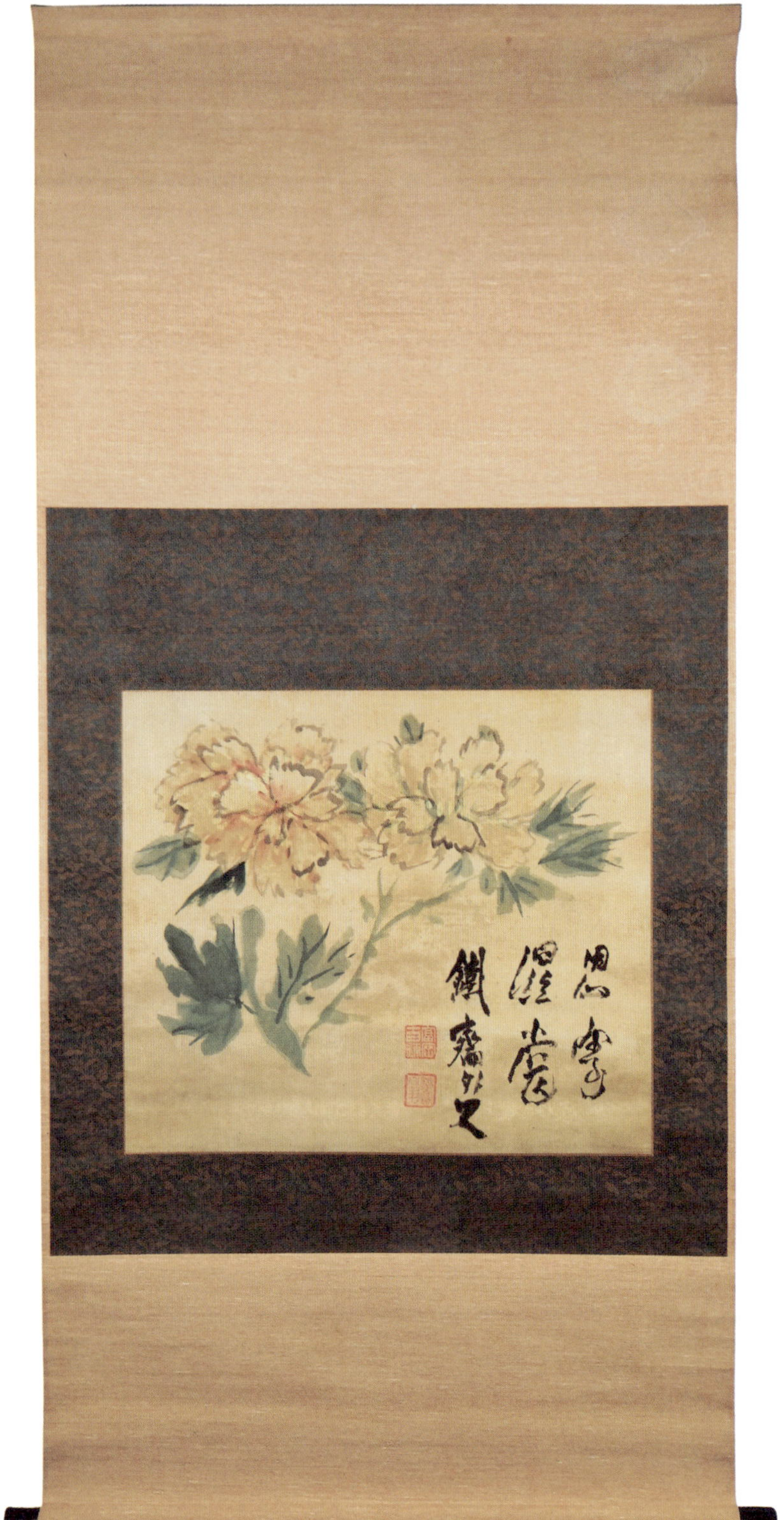

18

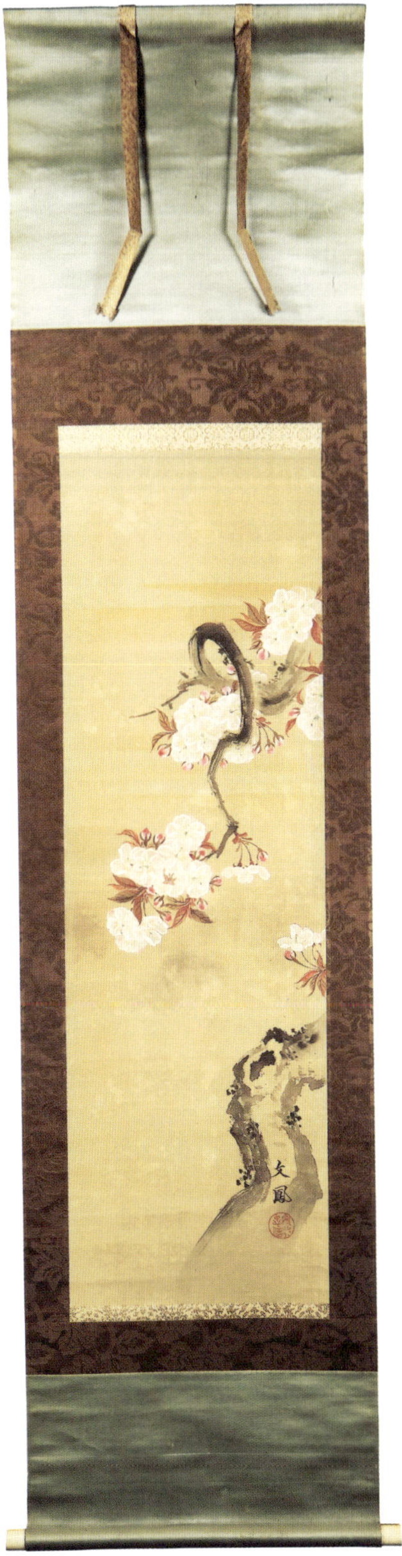

19

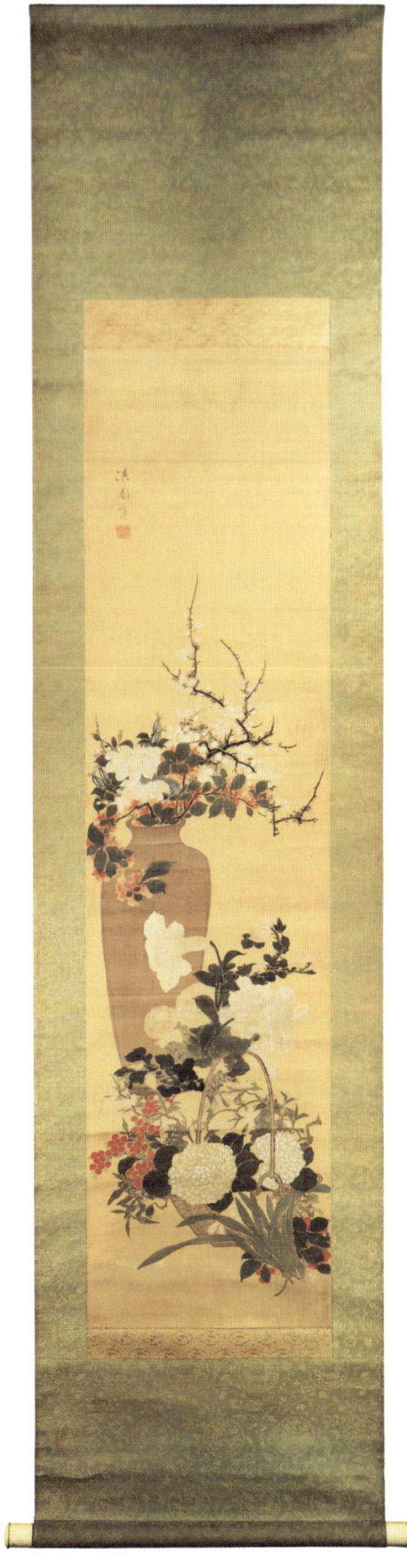

20

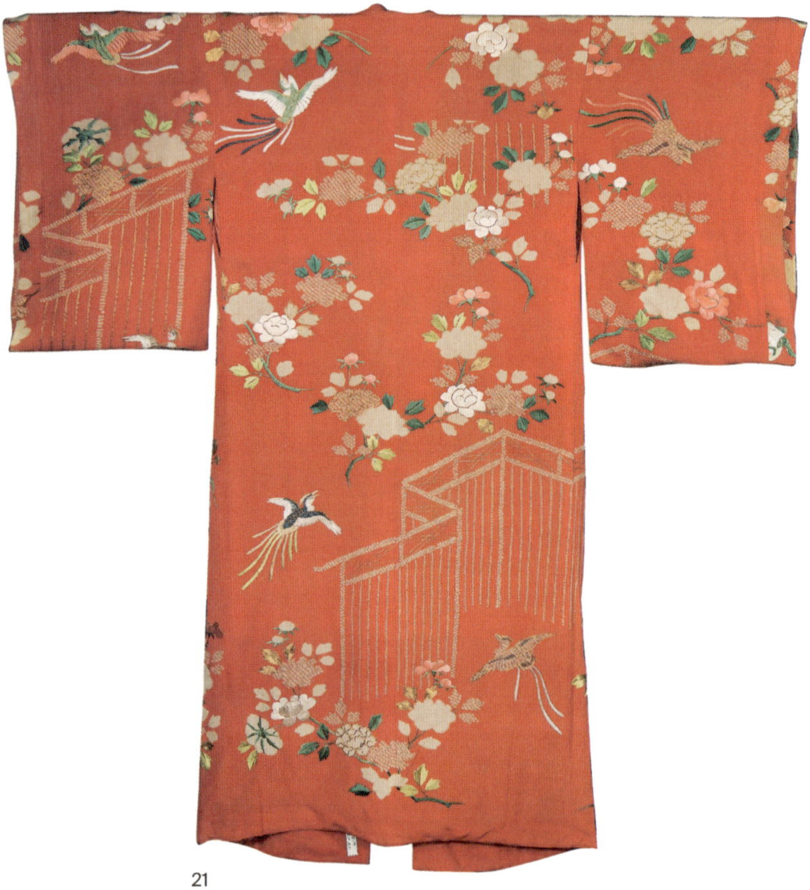

21

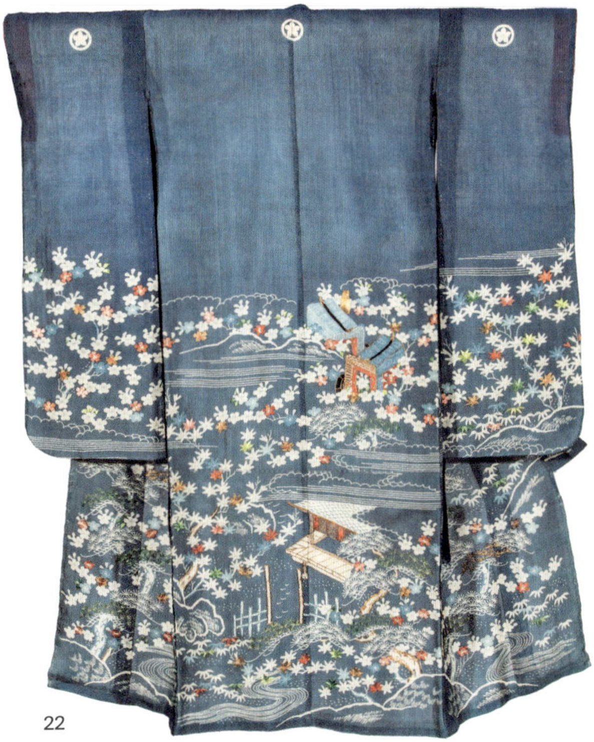

22

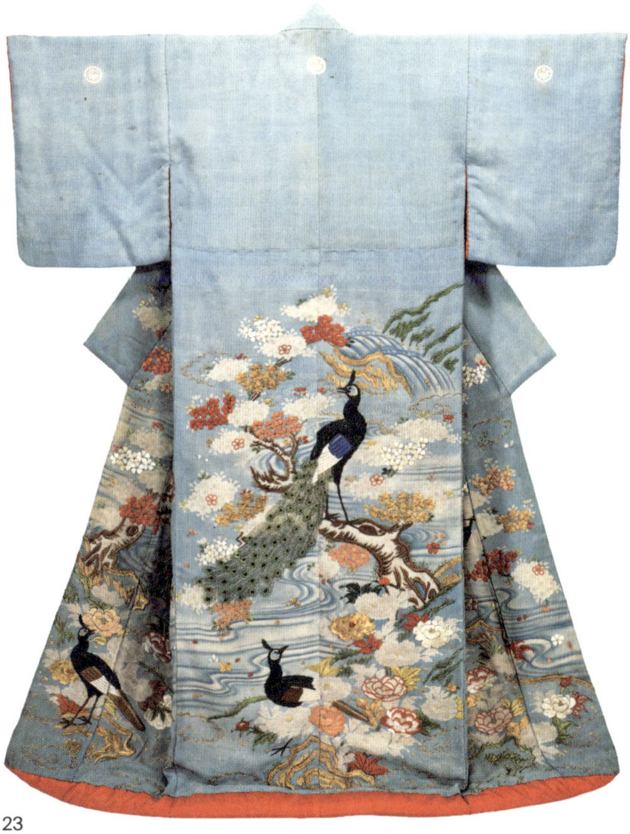

23

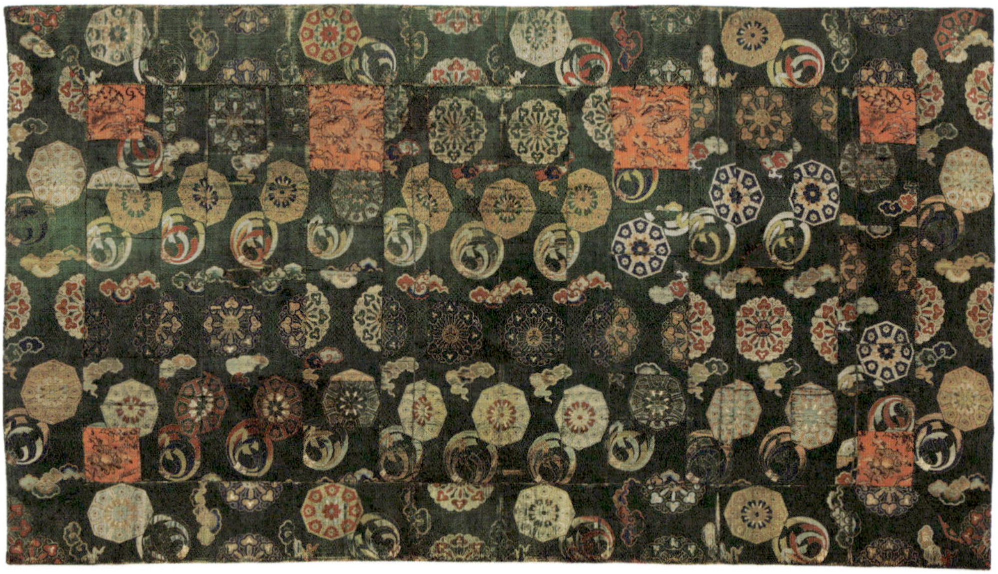

24

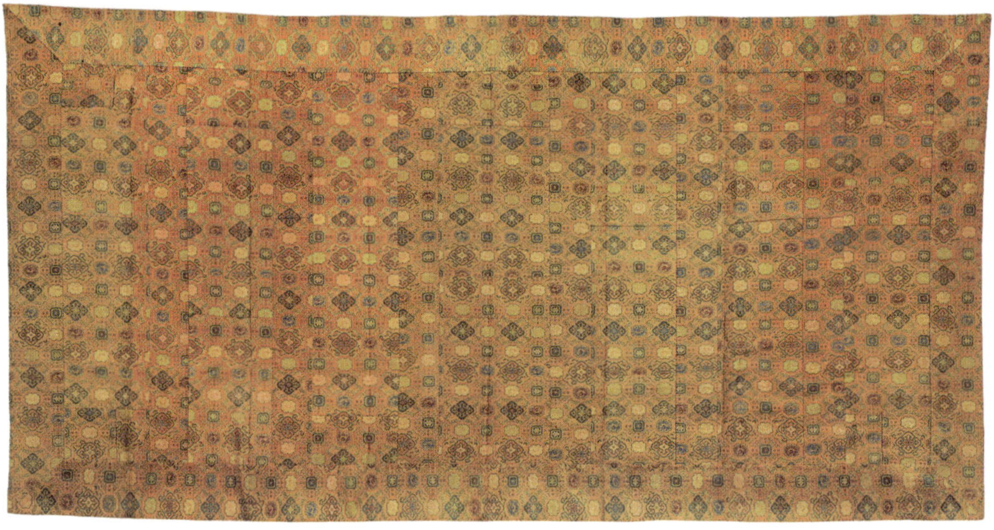

25

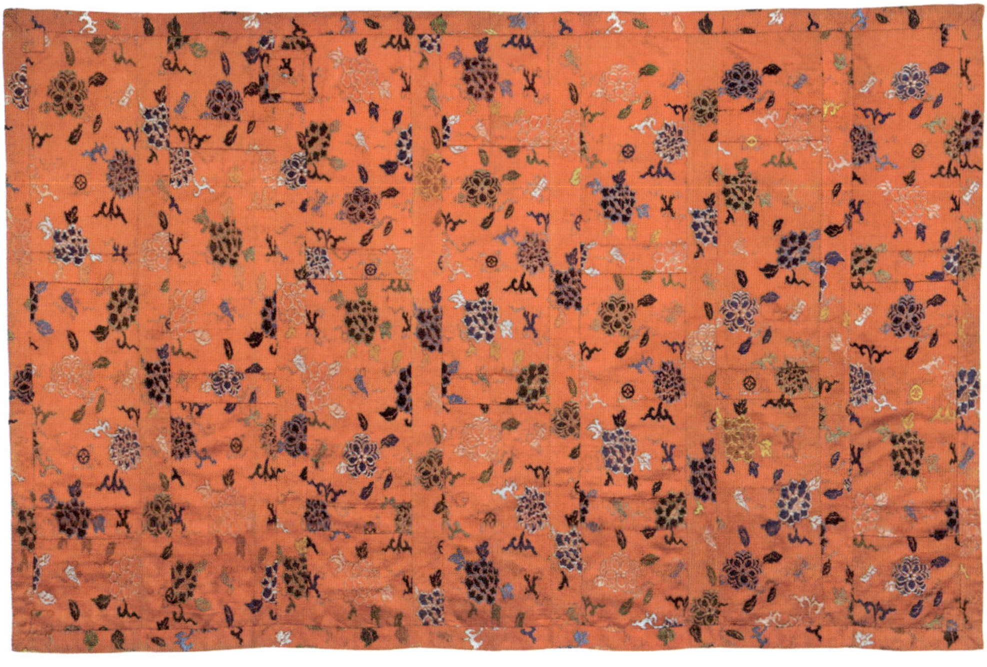

26

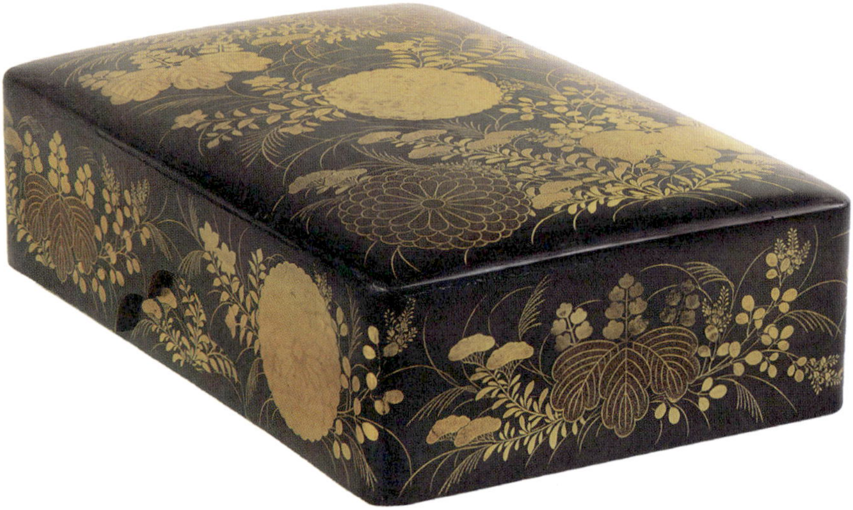

27

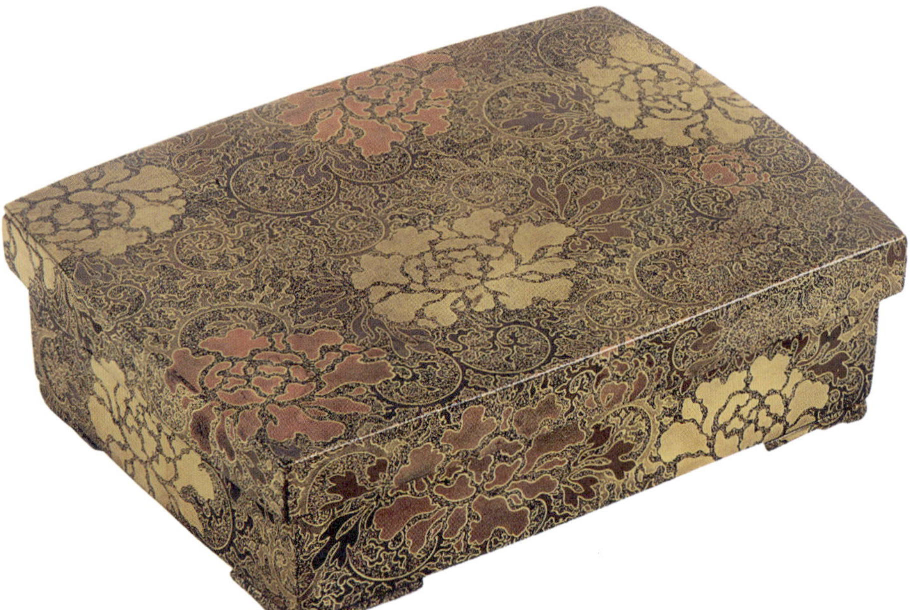

28

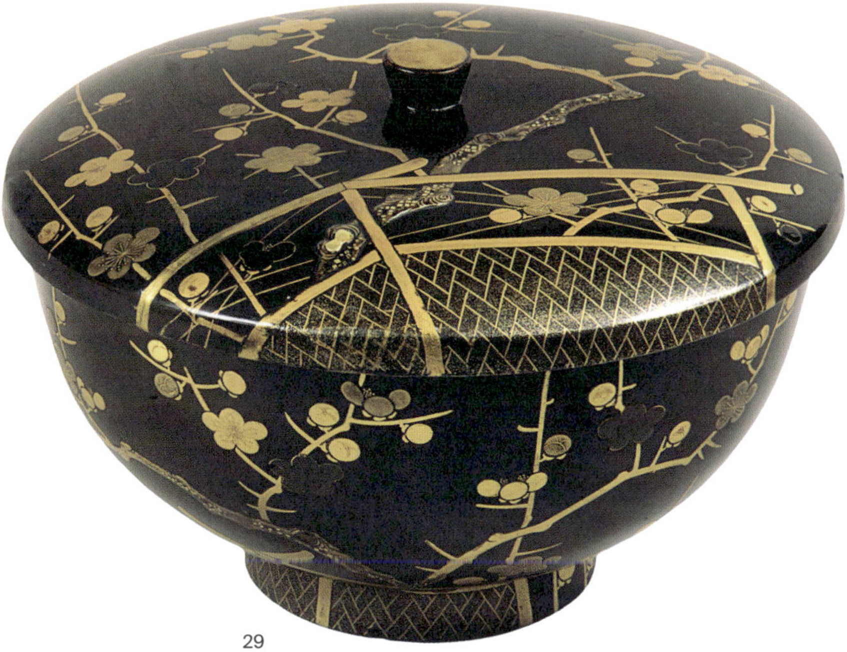

29

Hanauri, ukiyo-e e *Yokohama Shashin* tra reciproche influenze

Roberta Vergagni

花売りの花におくや露の玉
Hanauri no hana ni oku ya tsuyu no tama

Sui fiori
degli *hanauri* –
Gocce di rugiada*

(Kobayashi Issa)

I venditori di fiori (*hanauri*) furono una categoria molto apprezzata di ambulanti (*bōtefuri*) nel Giappone dei periodi Edo (1603-1868) e Meiji (1868-1912).
I *bōtefuri*, diffusi nelle grandi città, erano commercianti itineranti riconoscibili dal bastone ricurvo (*bō*), alle cui estremità erano agganciate ceste contenenti le merci da vendere; il bicollo era portato sulle spalle, afferrato con le mani (*te*) e caratterizzato dal moto oscillatorio (*furi*) del carico. Questi venditori ambulanti contribuirono alla passione per i fiori e le piante tra la popolazione urbana, ispirando altresì i grandi maestri dell'*ukiyo-e*, che riservarono loro grande dignità artistica, fino a influenzare i fotografi della *Yokohama Shashin*. Anche i viaggiatori occidentali ne subirono il fascino, come il pittore americano Robert Frederick Bloom (1857-1903) che, in *The Flower Market in Tokyo*, ritrasse uno *hanauri* accovacciato nell'attesa di qualche avventore.

Gli *hanauri* nell'*ukiyo-e*

L'amore atavico che i giapponesi nutrono nei confronti dei fiori si tradusse nel periodo Edo in un boom dell'orticoltura, accomunando appassionati di ogni classe sociale, età e genere. La popolazione si rivolgeva ai negozi e agli *hanauri* per l'acquisto di fiori destinati alle offerte religiose, oppure di fiori e piante per praticare il giardinaggio o l'*ikebana*. Le sei varietà più amate erano: camelia (*tsubaki*), peonia (*shakuyaku*), iris (*hanashōbu*), convolvolo (*asagao*), crisantemo (*kiku*) e camelia sasanqua (*sasanka*).
I ragazzi che vendevano fiori, esperti delle ultime tendenze in fatto di giardinaggio, esercitavano un grande fascino sulle fanciulle contemporanee, e la loro era riconosciuta come una professione estremamente elegante. Questa era apprezzata anche dai grandi attori di teatro *kabuki*, tra i quali figuravano molti amanti di tale pratica; quei medesimi attori vestivano poi, sulle scene, i panni di *hanauri*, divenendo essi stessi fonte di ispirazione per i maestri delle stampe *ukiyo-e*.
Già nella prima stagione dell'*ukiyo-e* è evidente la fascinazione che gli

Hanauri, *Ukiyo-e* and *Yokohama Shashin* between Reciprocal Influences

Roberta Vergagni

花売りの花におくや露の玉
Hanauri no hana ni oku ya tsuyu no tama

On the flowers
of the *hanauri* –
dewdrops

(Kobayashi Issa)

Flower sellers (*hanauri*) were a much-appreciated category of street vendors (*bōtefuri*) in Japan during the Edo (1603–1868) and Meiji (1868–1912) periods. The *bōtefuri*, who plied their wares throughout the big cities, were itinerant sellers recognisable by the curved staff (*bō*) with baskets containing the goods for sale, attached to either end; the staff, carried on their shoulders like a yoke and steadied with their hands (*te*), was characterised by the swaying (*furi*) load. These vendors not only helped to stimulate the keen interest in flowers and plants shown by city dwellers, but also inspired the great *ukiyo-e* masters, who gave them artistic dignity, to the point of influencing the *Yokohama Shashin* photographers. They also exerted a fascination on Western travellers, such as the American painter Robert Frederick Bloom (1857–1903) who, in *The Flower Market in Tokyo*, portrayed a *hanauri* squatting down, waiting for customers.

Hanauri in *Ukiyo-e*

The ancestral love of the Japanese for flowers gave rise to a horticultural boom in the Edo period, which brought together enthusiasts of every kind and age, from all walks of life. The population purchased flowers for religious offerings or blooms and plants for *ikebana* compositions or gardening, from both shops and *hanauri*. The six best loved varieties were: camellia (*tsubaki*), peony (*shakuyaku*), iris (*hanashōbu*), convolvulus (*asagao*), chrysanthemum (*kiku*) and Sasanqua camellia (*sasanka*).
The youths who sold flowers, who were experts on the latest gardening trends, held great charm for contemporary girls and their profession was considered extremely refined. Their skills were also appreciated by the great *kabuki* actors, many of whom loved gardening, who donned the *hanauri* costume on stage, providing, in their turn, inspiration to the masters of *ukiyo-e* prints.
In the first *ukiyo-e* period, the interest shown in the *hanauri* by artists, first and

hanauri esercitarono sugli artisti, primo tra tutti Okumura Toshinobu (attivo nel periodo 1717-1751). Con il disegno dettagliato e un tratto dalle linee sinuose, Toshinobu veste gli *hanauri* del fascino caratterizzante le beltà femminili della prima fase dell'*ukiyo-e*, come evidente nelle due stampe degli anni venti del Settecento, intitolate *Venditrice di piante*, conservate nel Museum of Fine Arts di Boston (una di esse è riprodotta alla fig. 30). Una sua stampa successiva, oggi al Museo d'Arte Orientale "E. Chiossone" di Genova[1] (fig. 32), esprime l'evoluzione nella trattazione del soggetto: *L'attore Ogino Isaburō I nel ruolo di un venditore ambulante di piante* (1737-1738) vede incedere uno *hanauri* mentre reclamizza a voce alta la sua merce; le frasi pronunciate dall'ambulante occupano lo spazio libero attorno alla figura, e noi che lo osserviamo percepiamo l'abilità oratoria dell'attore.
Anche Nishimura Shigenobu (attivo nel periodo 1724-1735) si dedicò al soggetto degli *hanauri*. Il suo *Trittico di venditori di fiori* (fig. 34) ha ancora per protagoniste tre beltà femminili, mentre nella stampa che ritrae *L'attore Ichimura Takenojō IV nel ruolo di Oguri Hangan, tra Hodogaya e Totsuka sulla Tōkaidō*, Shigenobu affida il soggetto dello *hanauri* a un famoso attore di teatro *kabuki*.
Il connubio tra venditori di fiori e teatro *kabuki* è particolarmente proficuo: diversi artisti attivi nel Settecento ammantano gli attori che interpretano il ruolo di *hanauri* con la bellezza eterea delle *bijin*, le beltà femminili. Alcuni esempi di tale tendenza sono la stampa *Sanjō Kantarō nel ruolo di venditore di fiori* presso l'Honolulu Museum of Art e dovuta al già citato Okumura Toshinobu (fig. 36), il *Trittico del venditore di fiori* di Torii Kiyomasu II (1706-1763) dell'Art Institute of Chicago (il cui foglio destro è riprodotto alla fig. 38) e l'opera del 1773 di Ippitsusai Bunchō (attivo nel periodo 1765-1792), intitolata *L'attore Nakamura Matsue I nel ruolo della venditrice di fiori Omatsu* del Museum of Fine Arts di Boston (fig. 40), realizzata sull'onda del successo ottenuto dal primo esponente delle sei generazioni di attori che assunsero il nome di Nakamura Matsue.
Gli artisti di *ukiyo-e* attivi tra la fine del XVIII e il XIX secolo spogliano gli *hanauri* dello splendore inarrivabile delle beltà databili al primo periodo e li caricano della concretezza che contraddistingue i reali venditori ambulanti, quale specifica categoria commerciale in cui era comune imbattersi per le strade cittadine. Così accade ne il *Venditore di piante in vaso* dalla serie *Sei venditori nelle sere d'estate* di Utagawa Kunisada (1786-1865, fig. 42), nel trittico di Koikawa Harumachi (attivo nel periodo 1744-1789) intitolato *All'ingresso del santuario di Kanda* (fig. 43) e nella stampa di Utagawa Kuniyoshi (1797/98-1861), appartenente alla serie *Meridiana dei commercianti moderni* (fig. 44), in cui una fanciulla colta in un momento privato è accostata all'immagine di uno *hanauri* in compagnia di due cagnolini. Prosegue e si rafforza il tema degli attori *kabuki* ritratti nei panni di venditori di fiori anche in opere come *L'attore Kataoka Gatō II nel ruolo del venditore di fiori Tokubei* di Kinoshita Hironobu I (attivo nel periodo 1851-1870, fig. 46) e nella coppia di attori della stampa di Utagawa Kunisada intitolata *Aprile* (fig. 47), che assommano all'estetica della bellezza floreale la composizione dell'immagine e le pose che influenzeranno la *Yokohama Shashin*.

L'influenza dell'*ukiyo-e* sulla *Yokohama Shashin*

Prodotte da apparecchiature occidentali con la tecnica della stampa all'albumina, le *Yokohama Shashin* (1860-1910), fotografie rappresentative della Scuola di Yokohama, erano dipinte a mano da artisti nipponici con tinte naturali ad acquerello; i temi e i soggetti si ispiravano a quelli delle xilografie *ukiyo-e*. Il prodotto finale era dunque un perfetto connubio tra tecnica occidentale ed estetica giapponese.
Le fotografie, raccolte in album dalle accattivanti copertine lignee intarsiate e laccate, divennero perfetti *souvenir* di viaggio, richiestissimi e apprezzati soprattutto dai turisti stranieri in cerca dell'esotismo che il Giappone ottocentesco incarnava, ma anche dai giapponesi stessi, in quanto ricordo di un passato da cui si stavano allontanando in nome della modernità. Il fascino di queste fotografie

foremost, Okumura Toshinobu (active 1717–51), was already evident. In fact, Toshinobu's detailed drawing and sinuous lines endow his *hanauri* with the appeal of the female beauties characteristic of the first *ukiyo-e* period, as can be seen in the two prints from the 1720s held by the Museum of Fine Arts in Boston (fig. 30 shows one of the two prints). A later print by Toshinobu, now preserved at the Museo d'Arte Orientale "E. Chiossone" in Genoa (fig. 32),[1] shows how his treatment of the subject developed. Titled *The Actor Ogino Isaburō I as a Plant Vendor* (1737–8), the work depicts a *hanauri* crying his wares in a loud voice as he walks along. The words pronounced by the flower seller are written in the space around the figure, which they occupy completely, and the actor's oratorial skills are perceptible to the viewer.

Nishimura Shigenobu (active 1724–35) also devoted himself to the *hanauri* theme. The protagonists of his *Triptych of Flower Sellers* (fig. 34) are still three female beauties, while in the print portraying *Actor Ichimura Takenojō IV as Oguri Hangan, between Hodogaya and Totsuka on the Tōkaidō*, Shigenobu depicts a famous *kabuki* actor as the *hanauri*.

The combination of flower sellers and *kabuki* theatre was particularly productive, with various artists active in the 18th century endowing the actors who played the part of *hanauri* with the ethereal charms of the *bijin* (female beauties). This trend is exemplified by Okumura Toshinobu's print titled *Sanjō Kantarō as a Flower Seller* in the Honolulu Museum of Art (fig. 36), *Flower Vendor Triptych* by Torii Kiyomasu II (1706–63) at The Art Institute of Chicago (fig. 38 shows the right-hand sheet of the triptych) and the work of 1773 by Ippitsusai Bunchō (active 1765–92) *Actor Nakamura Matsue I as the Flower-seller Omatsu* (fig. 40) at the Boston Museum of Fine Arts, executed when the first of six generations of actors who took the stage name Nakamura Matsue was riding a wave of success.

The *ukiyo-e* artists of the late 18th and the 19th century stripped the *hanauri* of the unattainable looks of the beauties of the first period and gave them all the authenticity that characterised the real vendors, as a specific category of traders that one regularly came across on the city streets. This is what happens in *Potted Plants Seller* from the series *Six Sellers on Summer Evenings* by Utagawa Kunisada (1786–1865) (fig. 42), in the triptych *At the Entrance to the Kanda Shrine* by Koikawa Harumachi (active 1744–89) (fig. 43) and in the print by Utagawa Kuniyoshi (1797/8–1861) from the series *Sundial of Modern Tradesmen* (fig. 44), in which a young woman captured in a private moment is juxtaposed with the image of a *hanauri* accompanied by two small dogs. The theme of *kabuki* actors as flower sellers continues and is strengthened in works such as *Actor Kataoka Gatō II as the Flower-seller Tokubei* by Kinoshita Hironobu I (active 1851–70) (fig. 46) and the pair of actors in Utagawa Kunisada's print *April* (fig. 47), who, to the aesthetic of floral beauty, added the composition of the image and the poses that would influence the *Yokohama Shashin*.

The Influence of *Ukiyo-e* on *Yokohama Shashin*

Produced with Western equipment and the albumen printing process, the *Yokohama Shashin* (1860–1910) were photographs representative of the Yokohama School. They were hand-coloured with natural watercolours by Japanese artists and the themes and subjects treated were inspired by *ukiyo-e* woodcuts, making the final image a perfect combination of Western technique and Japanese aesthetics.

The photographs were assembled in albums with eye-catching lacquered inlay covers in wood, making them the perfect souvenir of one's travels. They were much in demand and appreciated, especially by foreign tourists seeking the exoticism that 19th-century Japan embodied, but also by the Japanese themselves, as a memory of the past that they were leaving behind in the name

emerge dal loro carattere profondamente nostalgico ma al contempo stereotipato, istantanee di un paese sull'orlo di un profondo mutamento.
In Giappone, l'introduzione della tecnica fotografica, con la sua potenziale infinita riproducibilità, esaltò una delle caratteristiche insite nella xilografia stessa: la possibilità di produrre multipli in quantità[2]. Inoltre, nel Paese del Sol Levante, la fotografia godeva di una peculiarità che la elevava rispetto agli esiti raggiunti in qualsiasi altro luogo: quel tocco artistico dato dall'aggiunta del colore, applicato manualmente all'immagine in continuità con la tradizione pittorica autoctona e, al contempo, elemento innovativo nel panorama internazionale. Nella prima produzione fotografica locale, il legame con la tradizione pittorica e con l'estetica delle *ukiyo-e* fu evidente. L'osservatore giapponese aveva l'impressione di guardare qualcosa che aveva già visto, ma sul nuovo supporto fotografico[3].
La meticolosità tecnica e la poetica creatività consentirono così alle immagini dell'*ukiyo-e* di vivere un'evoluzione nell'arte fotografica.
Quali furono, dunque, le influenze dell'*ukiyo-e* sulla *Yokohama Shashin*? Nel 1863, Felice Beato (1834-1907), uno dei primi fotografi occidentali a lavorare in Giappone, propose di colorare a mano le foto ottenute col metodo dell'albumina avvalendosi della collaborazione del colorista, che era una figura fondamentale nella realizzazione delle stampe *ukiyo-e* di inizio periodo Edo poiché aveva il compito di applicare il colore su qualsiasi superficie, anche la più piccola[4]. Questa abilità, unita all'esperienza nella preparazione dei pigmenti e nella creazione delle sfumature (*bokashi*), tornarono utili per la colorazione di fotografie ricche di dettagli e talmente realistiche che in quegli anni per tradurre "fotografia" si affermò il termine *shashin*, ossia "copia dal vero".
Il legame tra l'arte *ukiyo-e* e quella della Scuola di Yokohama è visibile anche dal punto di vista stilistico nel dialogo tra vuoto e pieno della composizione: non soltanto il soggetto, ma anche lo spazio vuoto che lo circonda e lo attraversa risulta elemento di fondamentale importanza[5]. Un altro fattore ereditato da quell'arte è la costruzione dell'impianto prospettico attraverso l'utilizzo di linee rette – orizzontali, verticali e diagonali – che accompagnano l'occhio dell'osservatore al di fuori dell'immagine[6]. In alcuni casi, poi, la composizione poteva essere ricondotta ai tratti che compongono specifici *kanji* (ideogrammi), collegabili per significato al soggetto della fotografia – ciò che Fosco Maraini chiamò "spazio ideografico"[7].
L'aspetto più evidente che la Scuola di Yokohama ereditò dalla tradizione delle immagini del 'mondo fluttuante' fu la scelta dei temi: vedute paesaggistiche, ritratti e scene di vita quotidiana. In quest'ultimo gruppo rientrano le fotografie di persone dedite al lavoro, ad attività culturali o ad altre occupazioni quotidiane. È questo il contesto degli *hanauri* che oggi, grazie alle *Yokohama Shashin*, godono di rinnovata popolarità.

* Traduzione dell'autrice.
1 *Fiori d'Oriente, Arte e Poesia. Metafore e simboli nella cultura artistica e letteraria del Giappone*, a cura di Donatella Failla, catalogo della mostra (Genova, Museo d'Arte Orientale "E. Chiossone", 22 aprile - 30 ottobre 2011), Comune di Genova, Settore Musei, Genova 2011, pp. 99, 147.
2 Rossella Menegazzo, *Anticipando il futuro: macchine e "vere vedute"*, in Gian Carlo Calza (a cura di), *Giappone. Potere e splendore 1568/1868*, Federico Motta Editore, Milano 2009, pp. 315-317.
3 *Ibidem*.
4 Terry Bennett, *Photography in Japan 1853-1912*, Tuttle Publishing, Singapore 2006.
5 *Ineffabile Perfezione. La fotografia del Giappone 1860-1910*, a cura di Francesco Paolo Campione, Marco Fagioli, catalogo della mostra (Lugano, Museo delle Culture, 23 ottobre 2010 - 27 febbraio 2011), Giunti, Milano 2010.
6 Francesco Paolo Campione, *The Ideological and Aesthetic Bases of the School of Yokohama*, in Mikkel Bolt, Peter Borum, Else Marie Bukdahl, Ettore Rocca (a cura di), *Hospitality in Art and Politics*, Basilisk, København 2016, pp. 199-232.
7 Fosco Maraini, *Japan. Patterns of Continuity*, Kōdansha International Ltd., Tōkyō 1986 (1ª ed. 1971).

of modernity. The appeal of these works – snapshots of a country on the brink of radical change – lay in their deeply nostalgic but also stereotyped character.
In Japan, the introduction of photography and its promise of endless reproducibility, increased the potential of one of the innate characteristics of woodcut: the possibility of producing multiples.[2] Moreover, in the Land of the Rising Sun photography possessed a feature that placed it a cut above the production of any other place: an artistic touch consisting in the addition of colour applied by hand to the image, which was in keeping with the local pictorial tradition but, at the same time, an innovative element in the international spectrum. In early Japanese photography, the link with the *ukiyo-e* pictorial tradition and aesthetic was evident. The Japanese viewer had the feeling they were looking at something familiar, but created on the new photographic support.[3] The combination of meticulous technique and poetic creativity thus enabled the *ukiyo-e* images to evolve through the art of photography.
So what were the ways in which *ukiyo-e* influenced *Yokohama Shashin*?
In 1863, Felice Beato (1834–1907), one of the first Western photographers to work in Japan, came up with the idea of hand-colouring photos obtained with the albumen process by involving a colourist, who was a fundamental figure in making *ukiyo-e* prints in the initial Edo period because his task was to apply colour to any surface, even the smallest.[4] This skill, together with their experience in the preparation of pigments and the creation of gradations (*bokashi*), could be put to good use in tinting photographs that were rich in detail and so realistic that the term *shashin*, "to copy reality," was used to translate "photography" during that period.
The connection between *ukiyo-e* art and that of the Yokohama School is also evident from a stylistic point of view in the dialogue between volume and void in the composition: not only the subject, but also the empty space surrounding it and within it becomes an element of fundamental importance.[5] Another inherited factor is the construction of the perspective structure through the use of straight lines – horizontal, vertical, diagonal – that lead the viewer's eye out of the image.[6] In some cases, the composition can be traced to characteristics of specific *kanji* (ideograms) linked, through their meaning, to the subject of the photograph – what Fosco Maraini called "ideographic space."[7]
The most obvious aspect inherited by the Yokohama School from the tradition of images of the "floating world" was the choice of subjects: landscapes, portraits and scenes of everyday life. The latter encompass photographs of people immersed in work, in cultural activities, or other daily occupations. This is the context in which we find the *hanauri*, who, thanks to the *Yokohama Shashin*, are enjoying renewed popularity today.

1 Donatella Failla (ed.), *Fiori d'Oriente, Arte e Poesia. Metafore e simboli nella cultura artistica e letteraria del Giappone*, exhibition catalogue, Genoa, Museo d'Arte Orientale "E. Chiossone", 22 April–30 October 2011 (Genova: Comune di Genova, Settore Musei, 2011), pp. 99, 147.

2 Rossella Menegazzo, "Anticipando il futuro: macchine e 'vere vedute'," in Gian Carlo Calza (ed.), *Giappone. Potere e splendore 1568/1868* (Milano: Federico Motta Editore, 2009), pp. 315–17.

3 Ibid.

4 Terry Bennett, *Photography in Japan 1853-1912* (Singapore: Tuttle Publishing, 2006).

5 Francesco Paolo Campione, Marco Fagioli (eds.), *Ineffabile Perfezione. La fotografia del Giappone 1860-1910*, exhibition catalogue, Lugano, Museo delle Culture, 23 October 2010–27 February 2011 (Milano: Giunti, 2010).

6 Francesco Paolo Campione, "The Ideological and Aesthetic Bases of the School of Yokohama," in Mikkel Bolt, Peter Borum, Else Marie Bukdahl, Ettore Rocca (eds.), *Hospitality in Art and Politics* (København [Copenaghen]: Basilisk, 2016), pp. 199–232.

7 Fosco Maraini, *Japan. Patterns of Continuity* (Tōkyō: Kōdansha International Ltd., 1986); 1st edn. 1971.

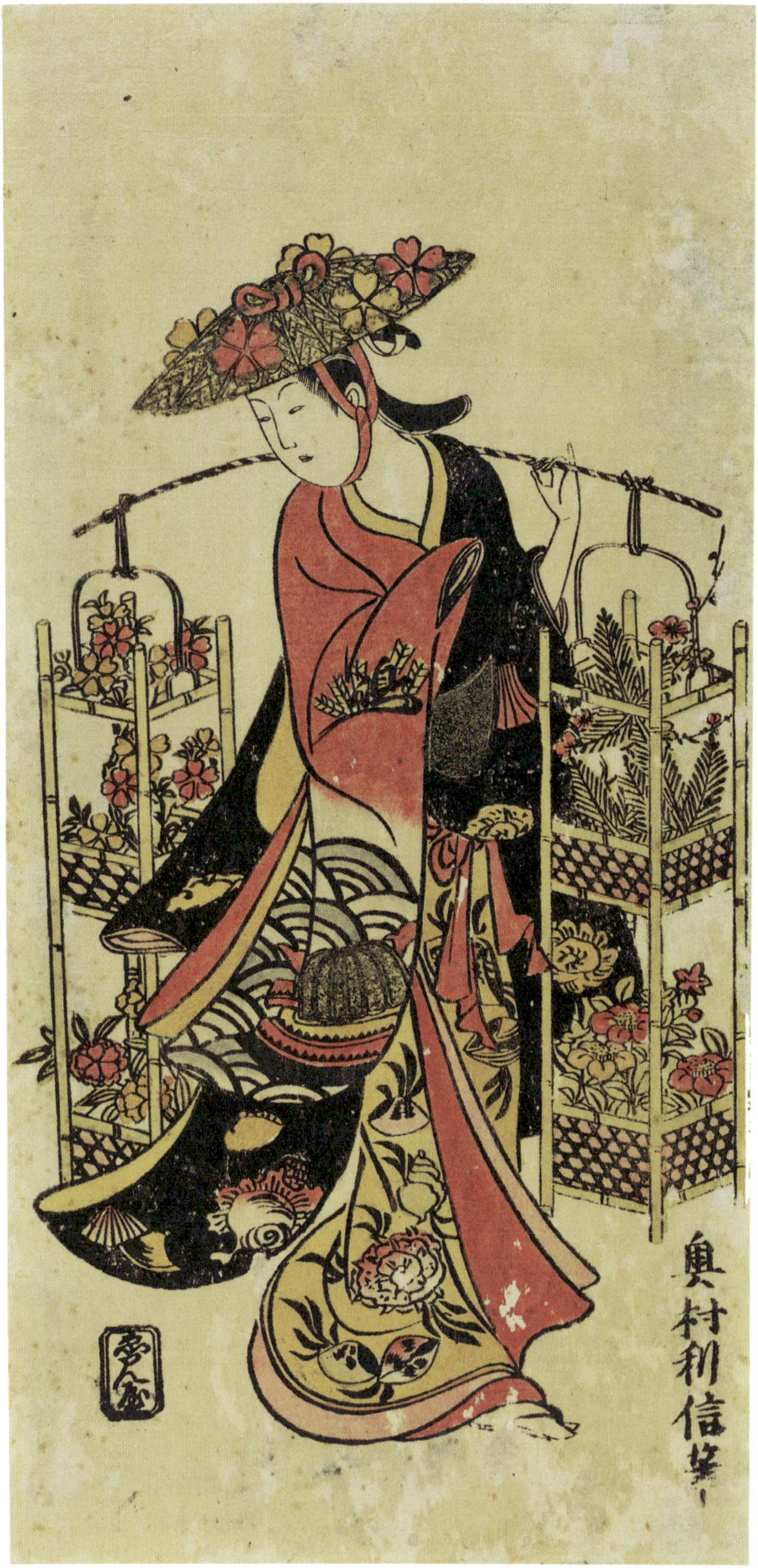

30

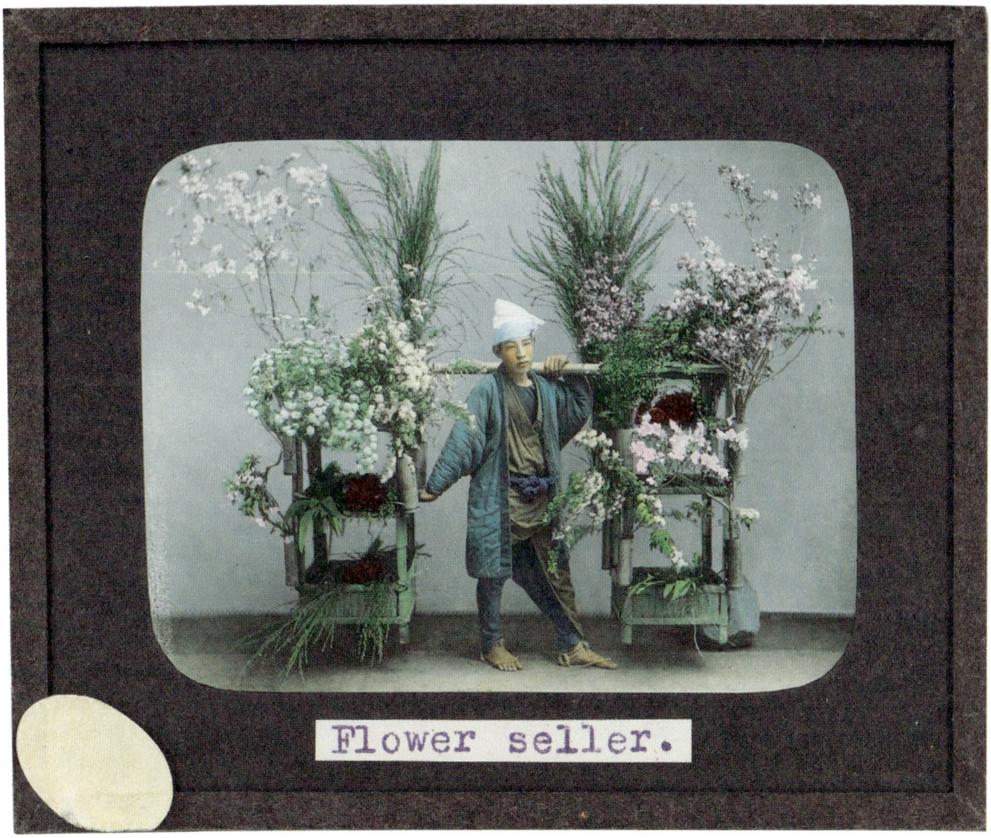
Flower seller.

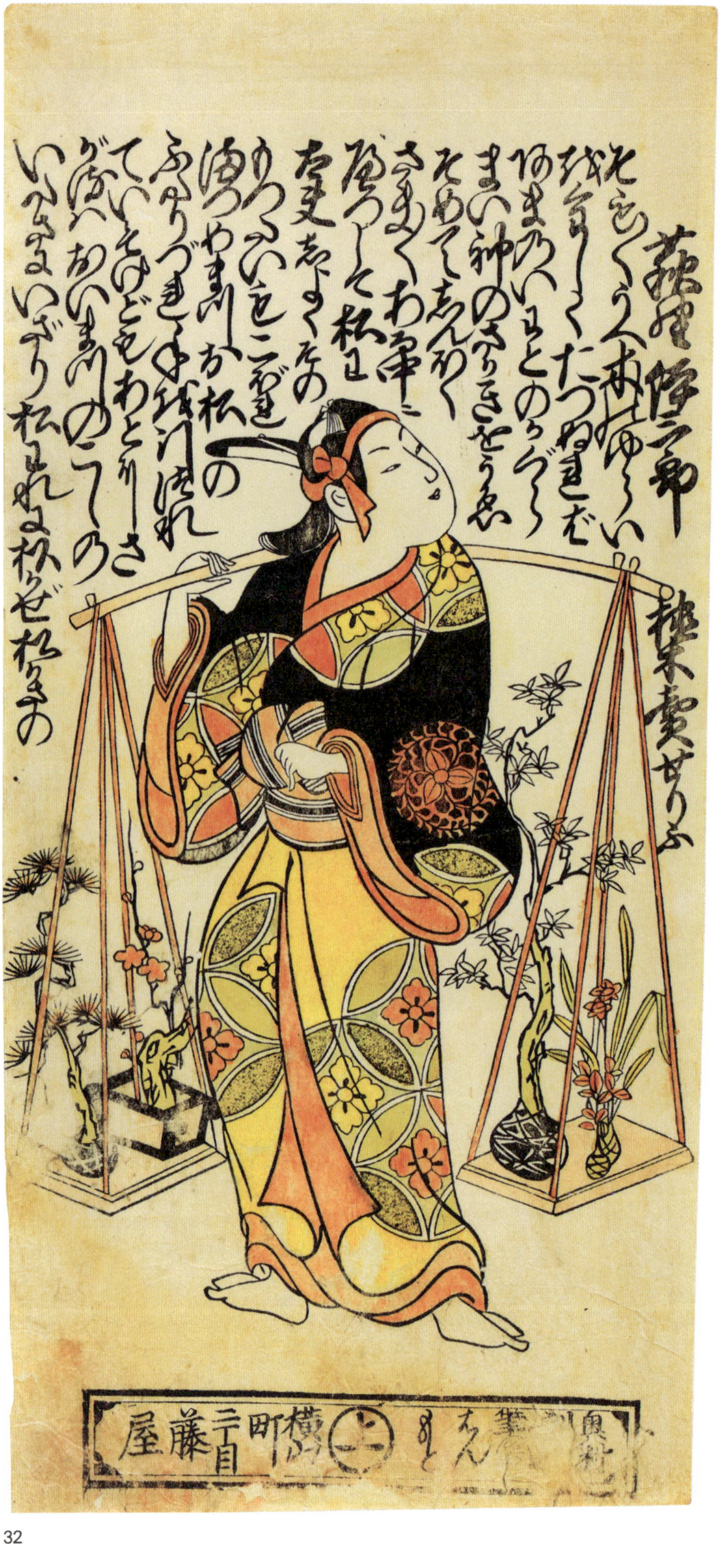

32

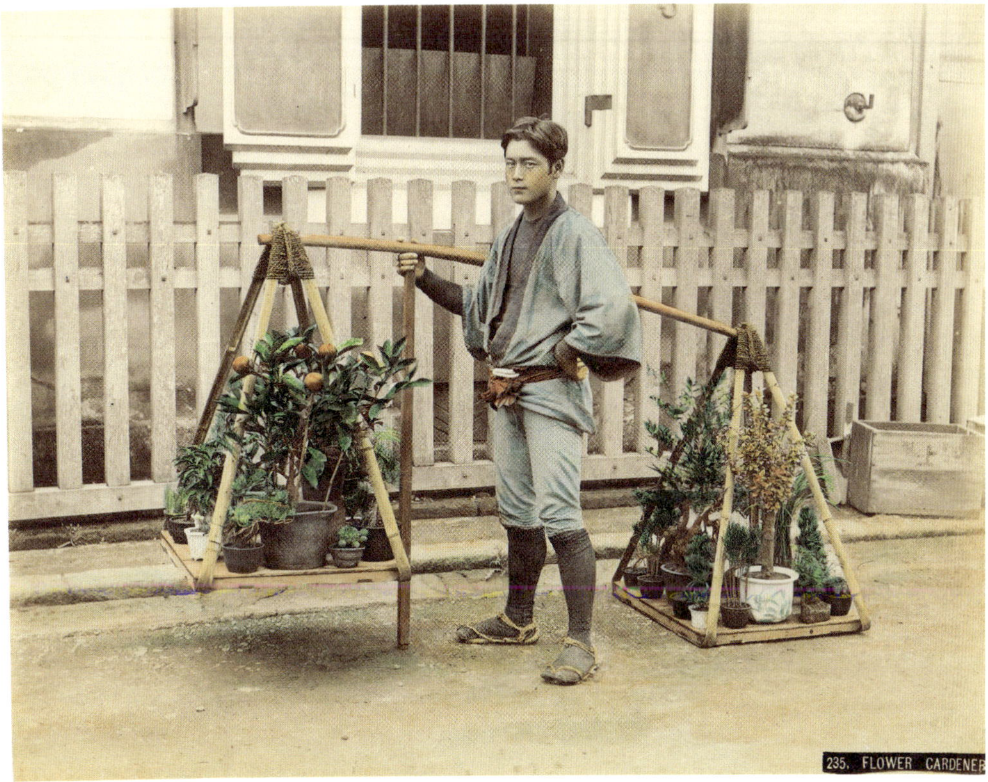
235. FLOWER CARDENER

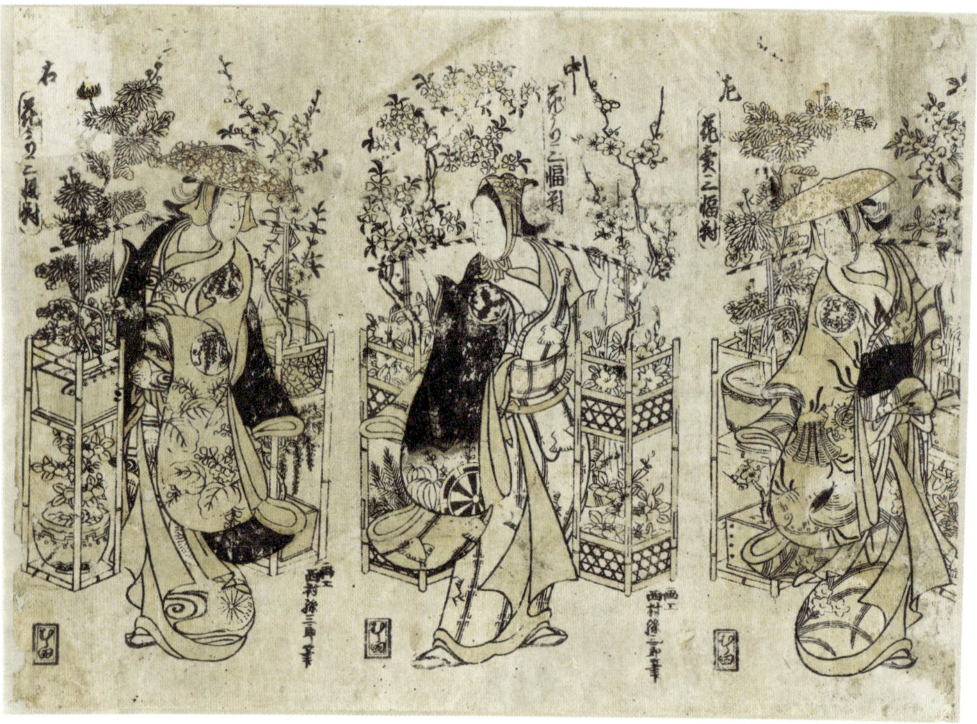

34

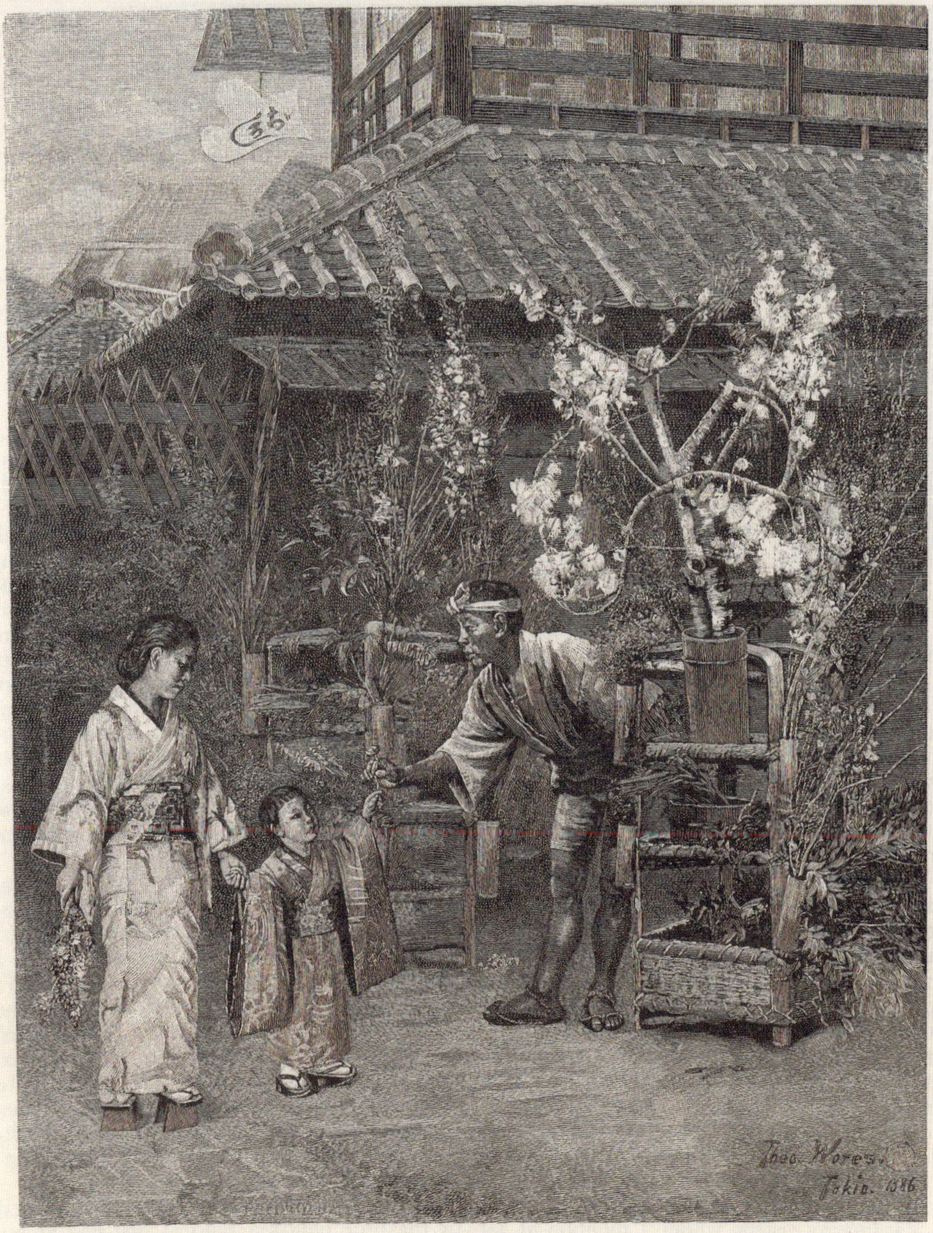

A FLOWER SELLER.

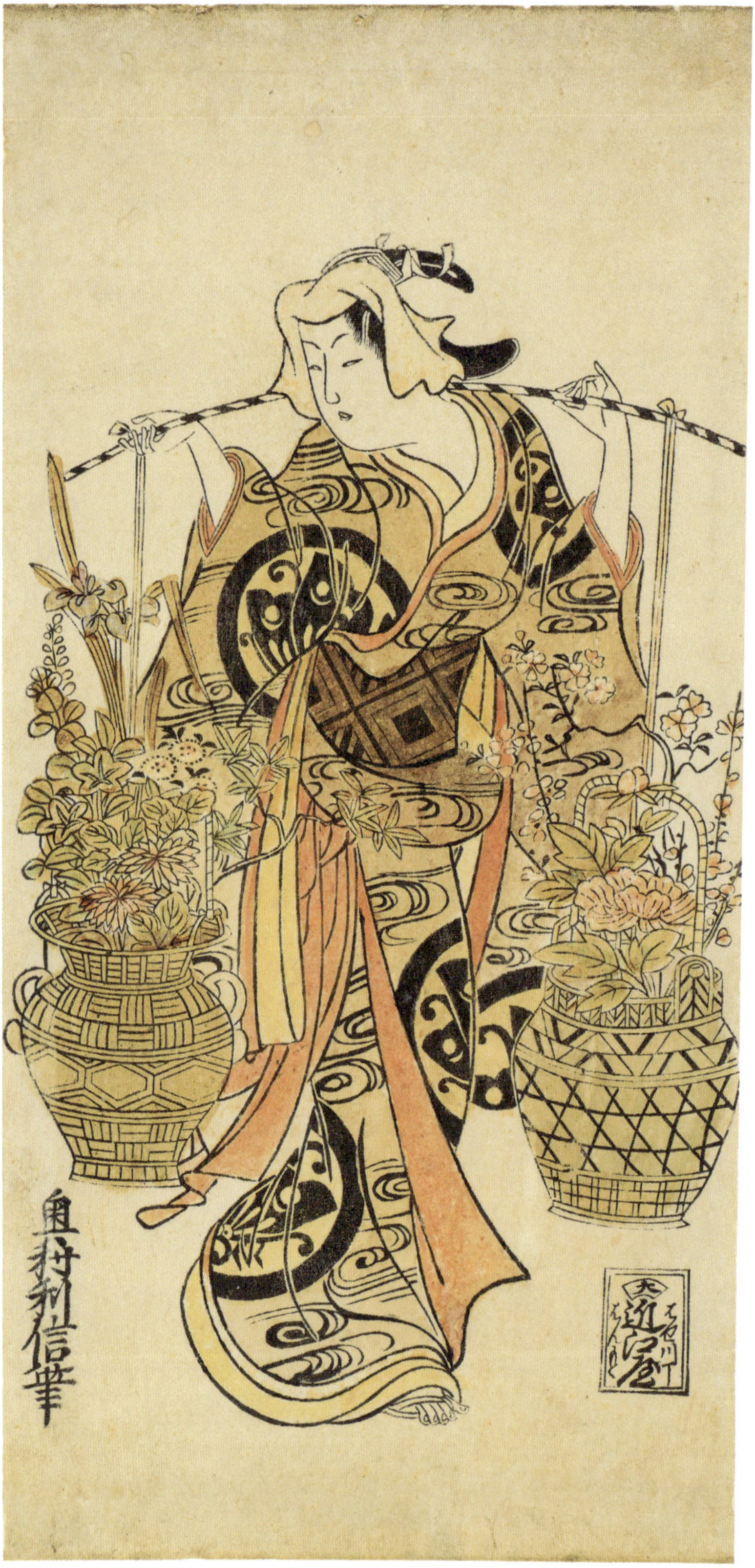

36

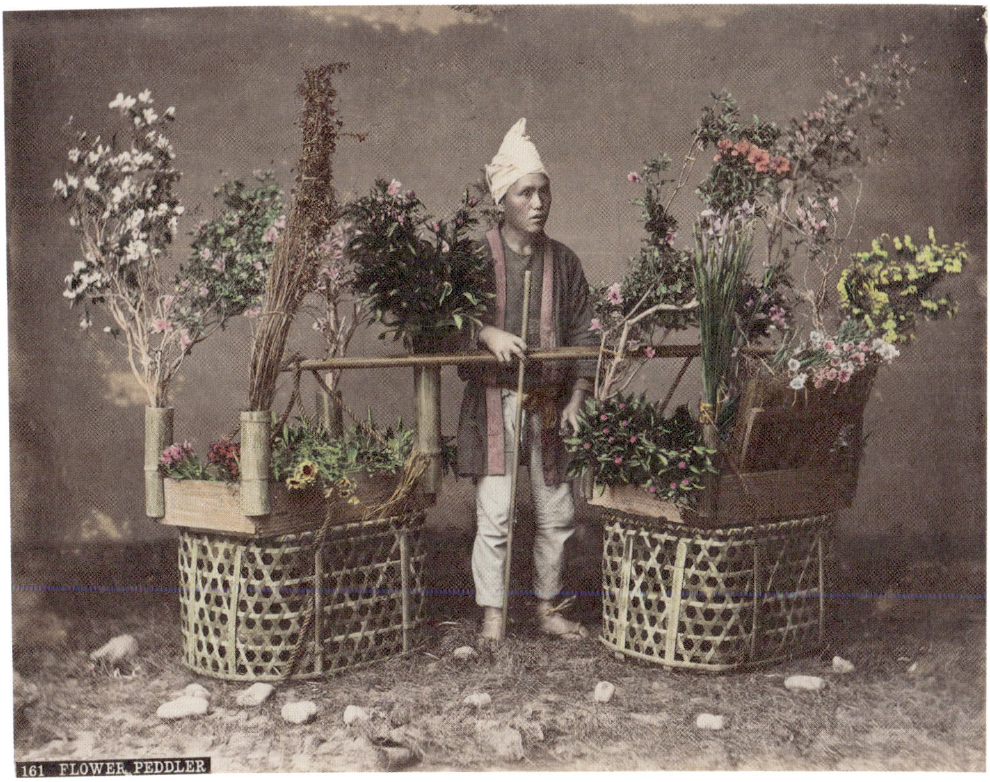

161 FLOWER PEDDLER

37

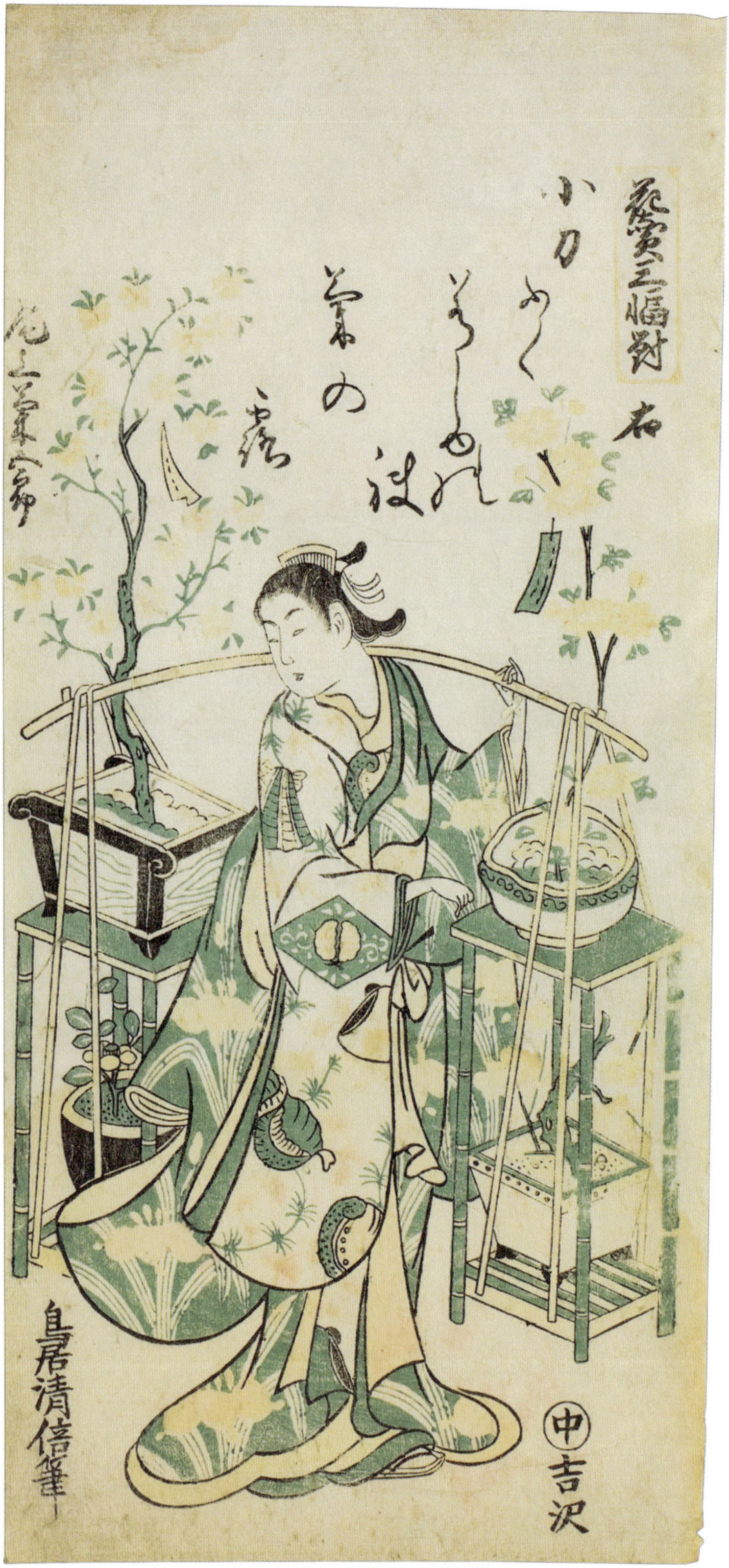

38

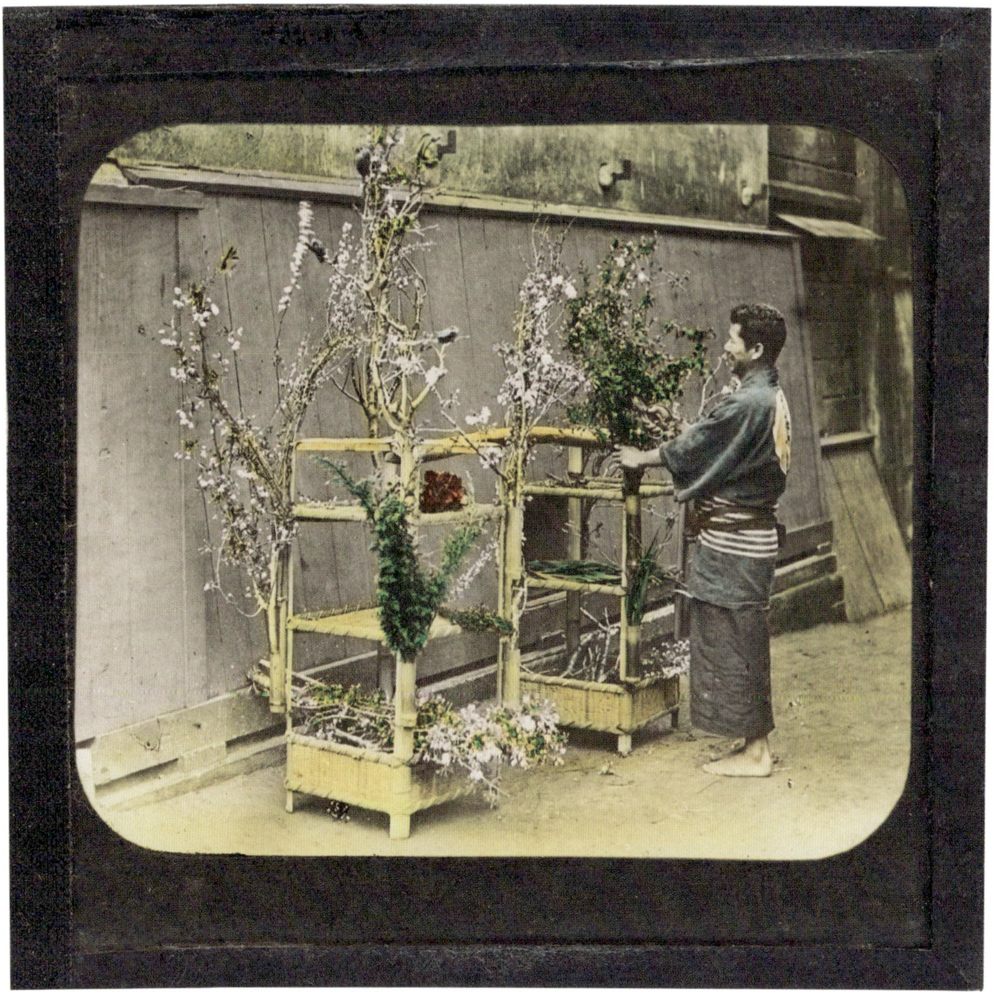

39

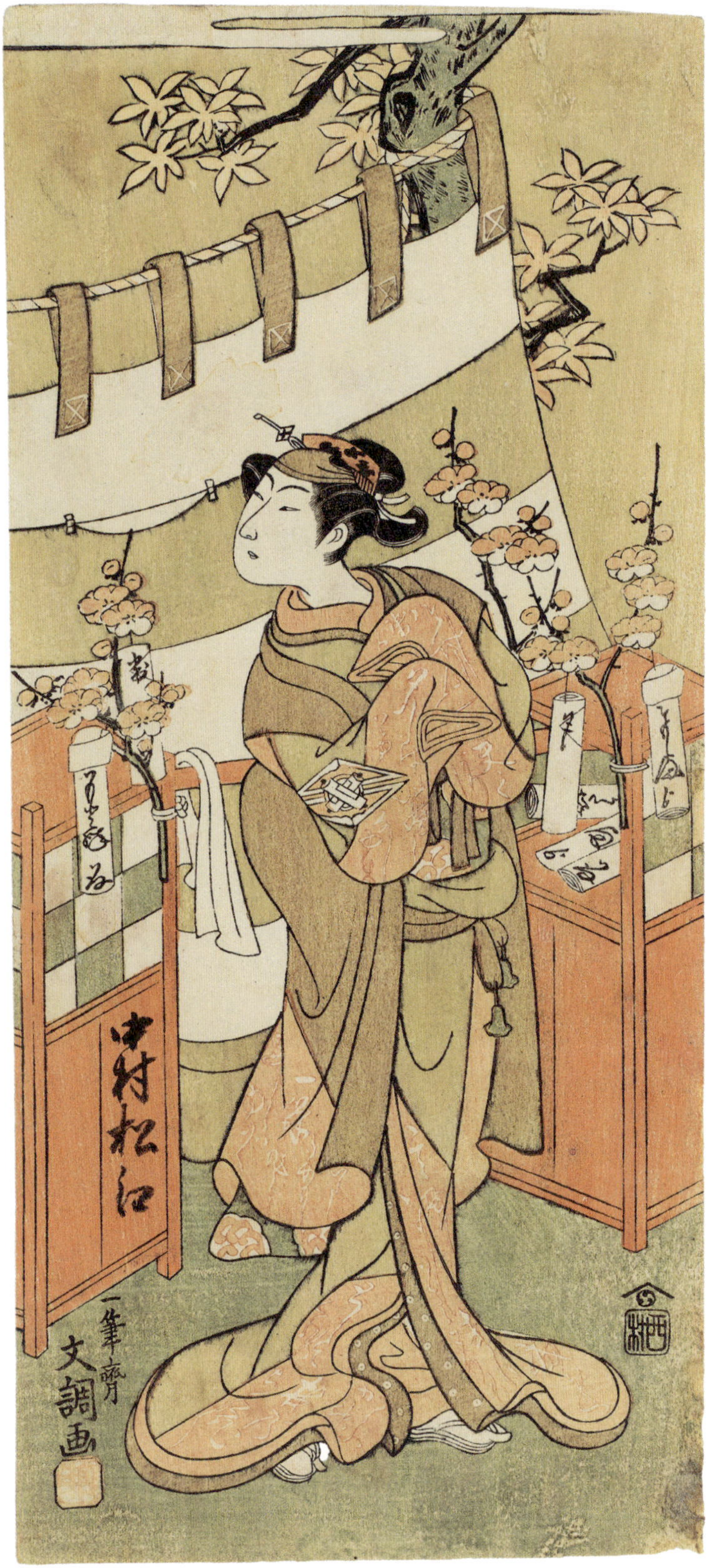

40

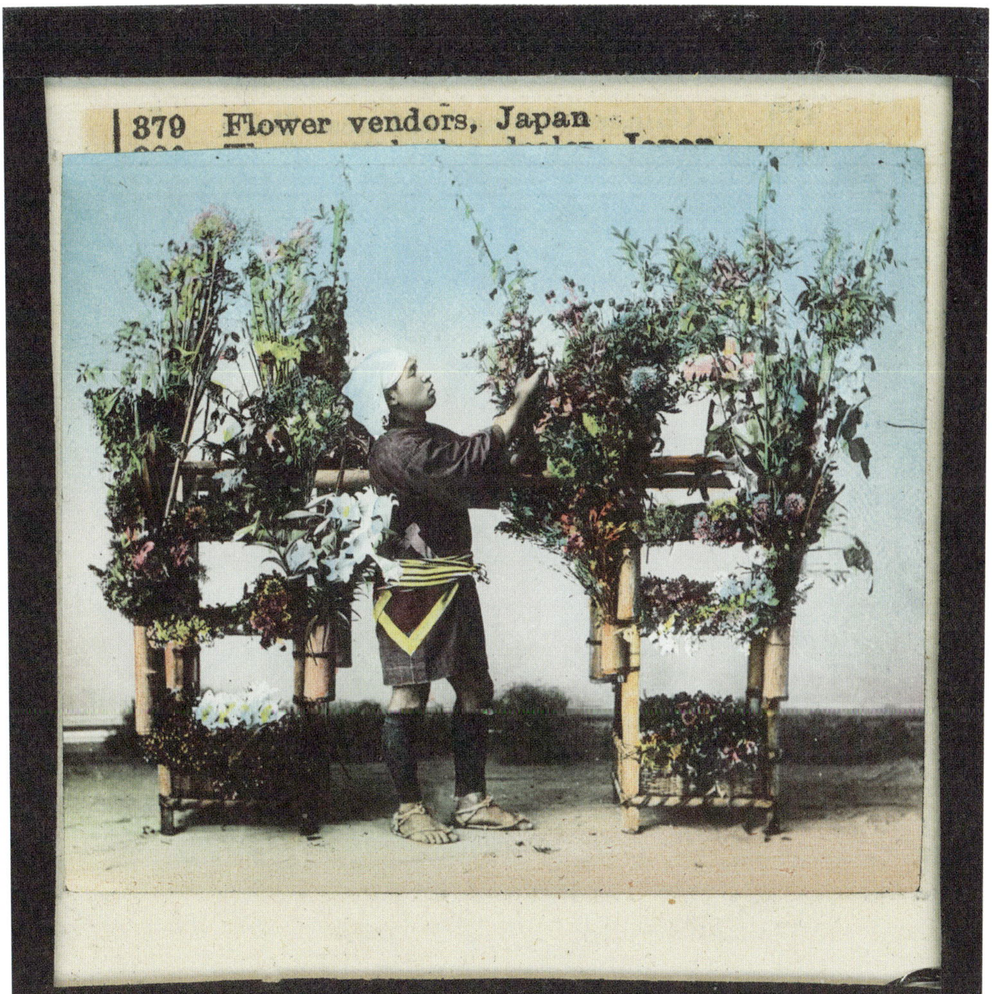
379 Flower vendors, Japan

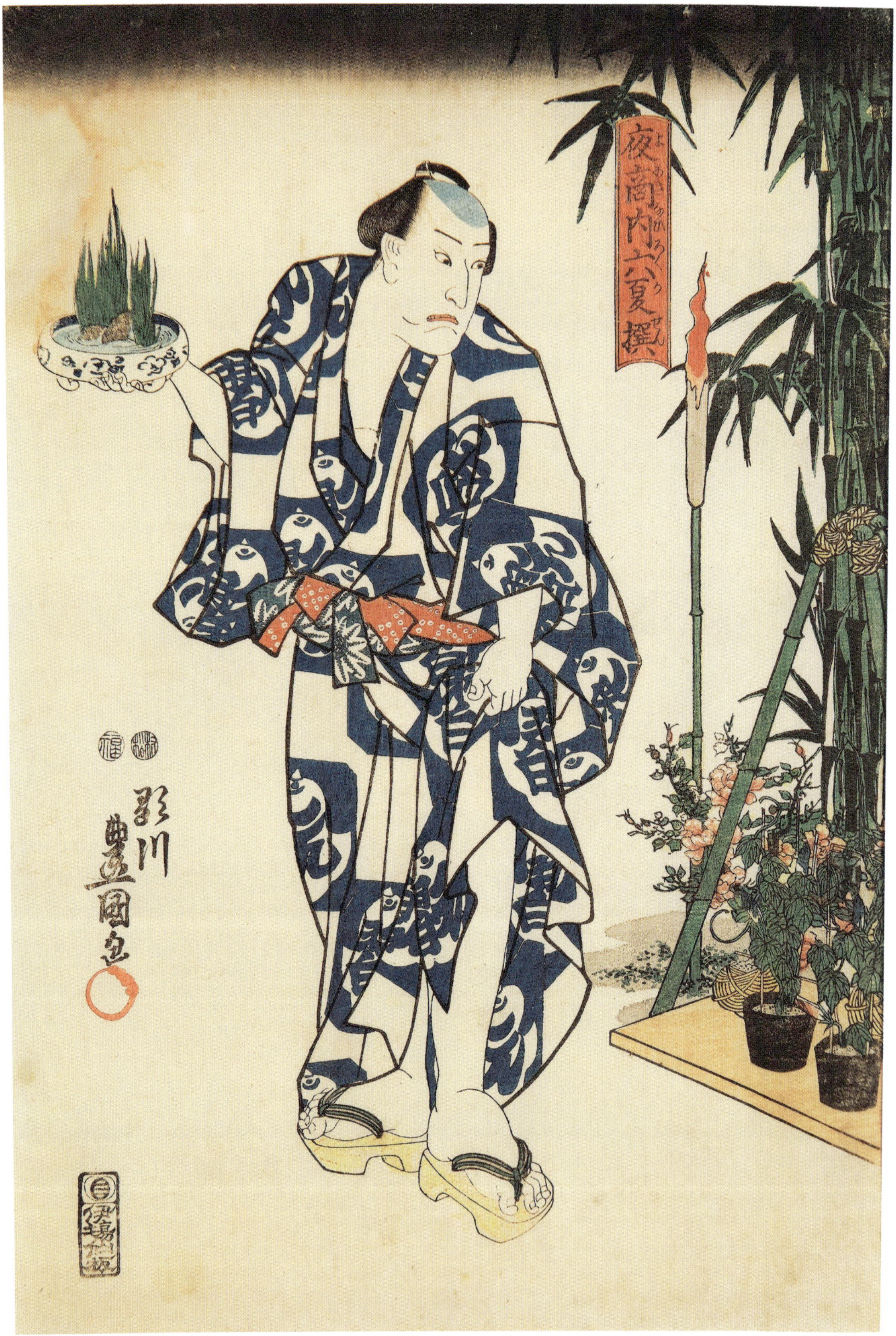

42

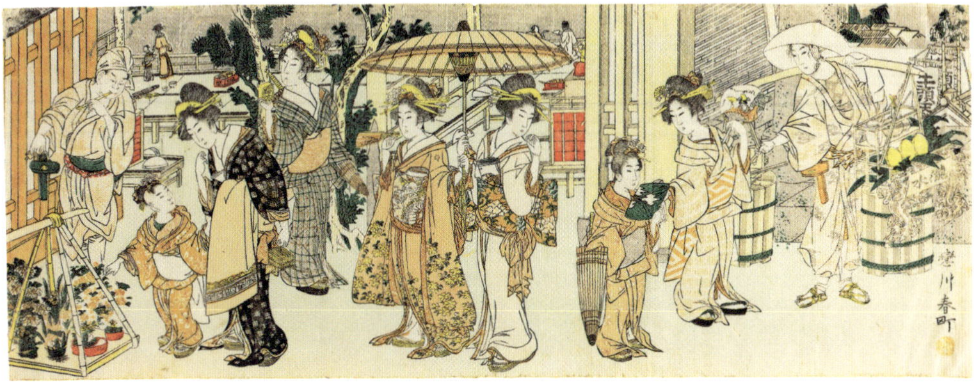

43

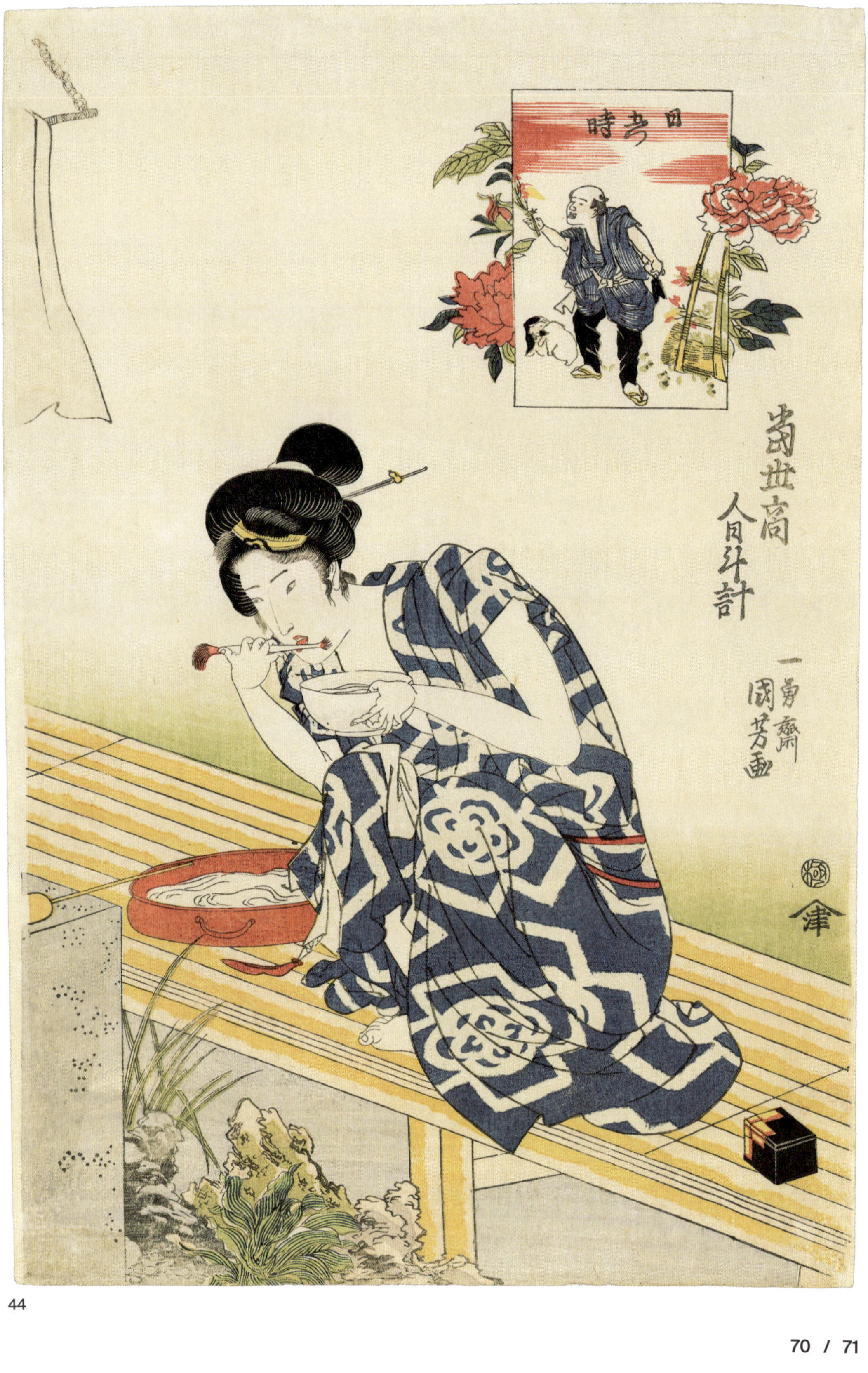

44

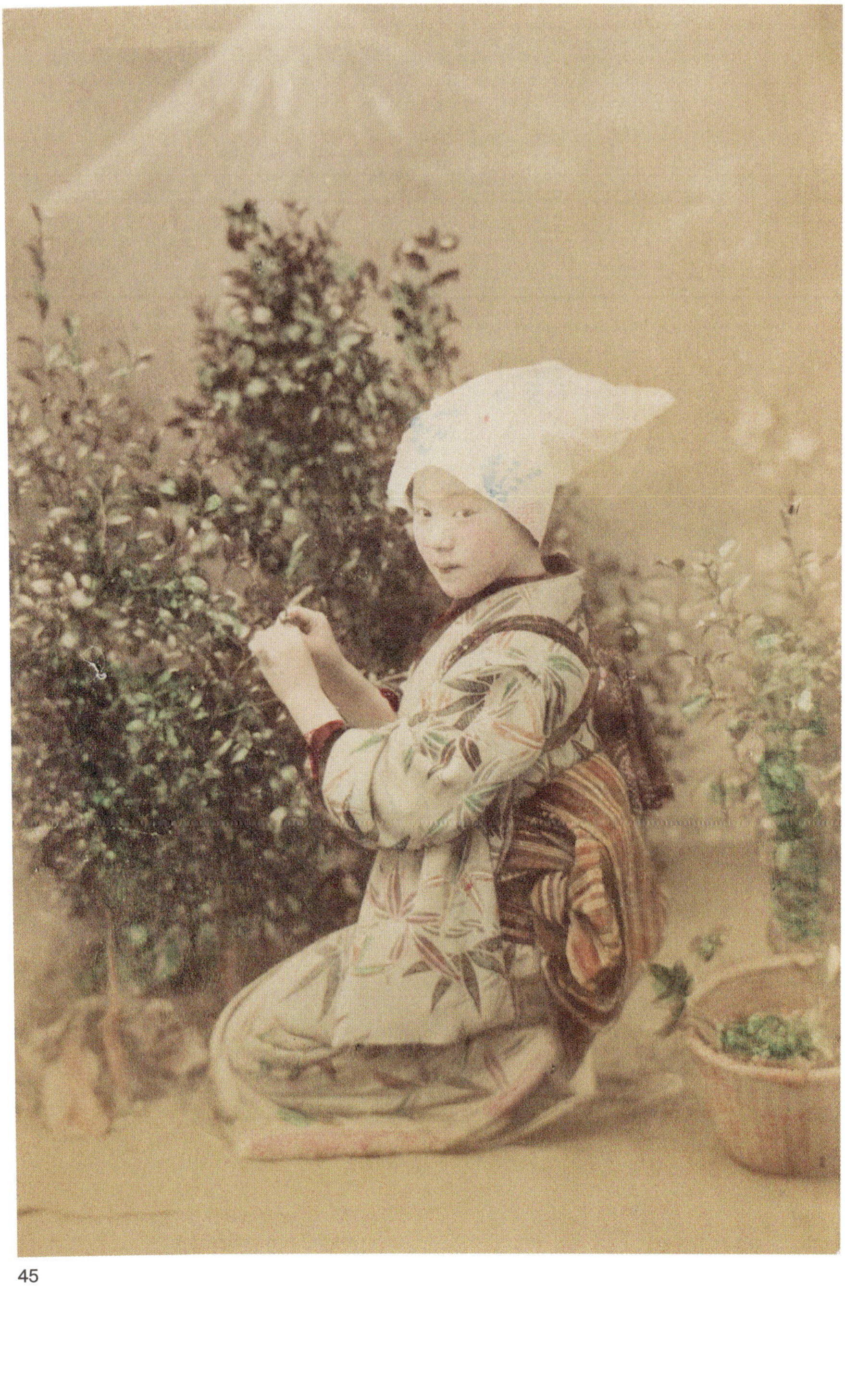

45

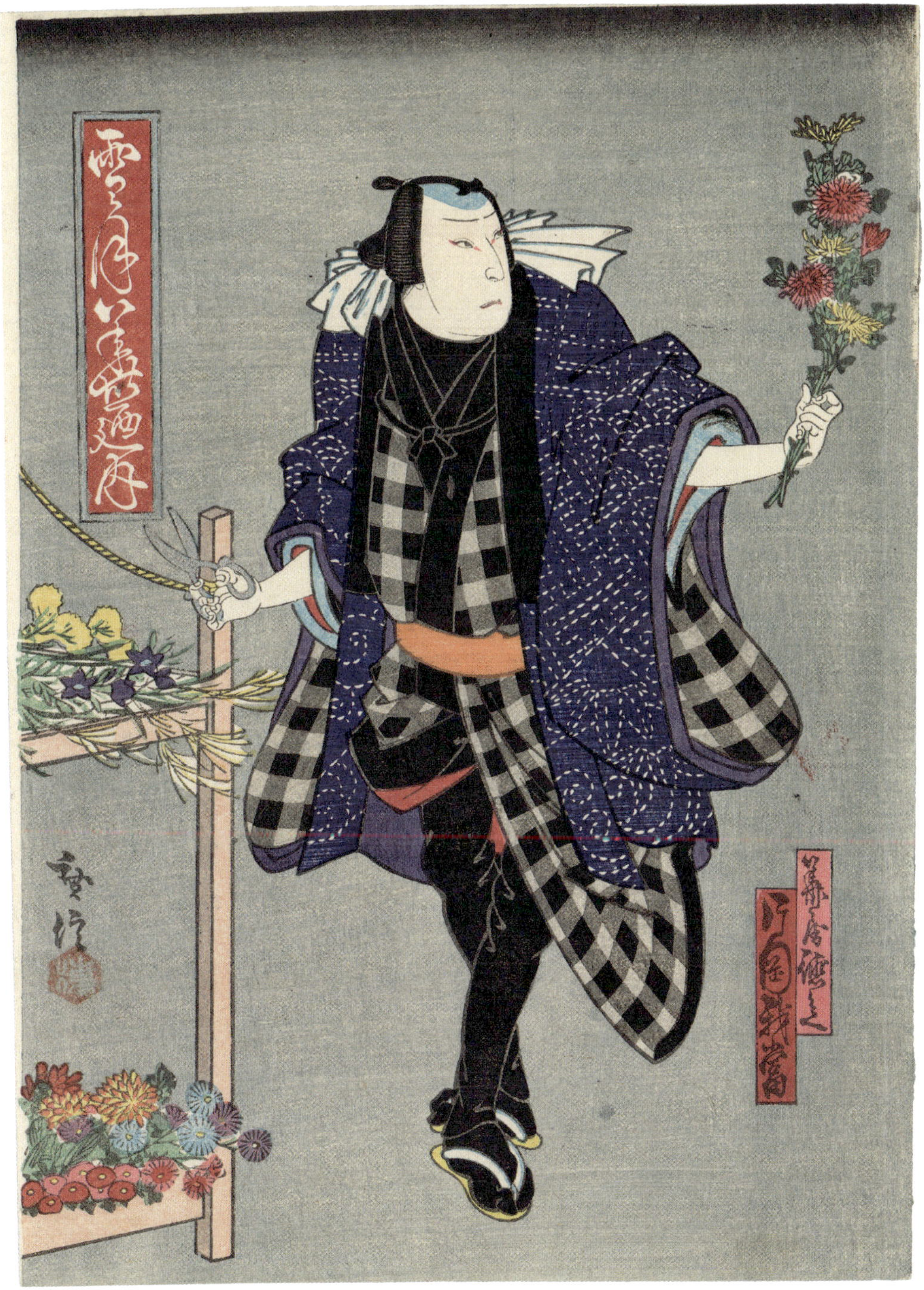

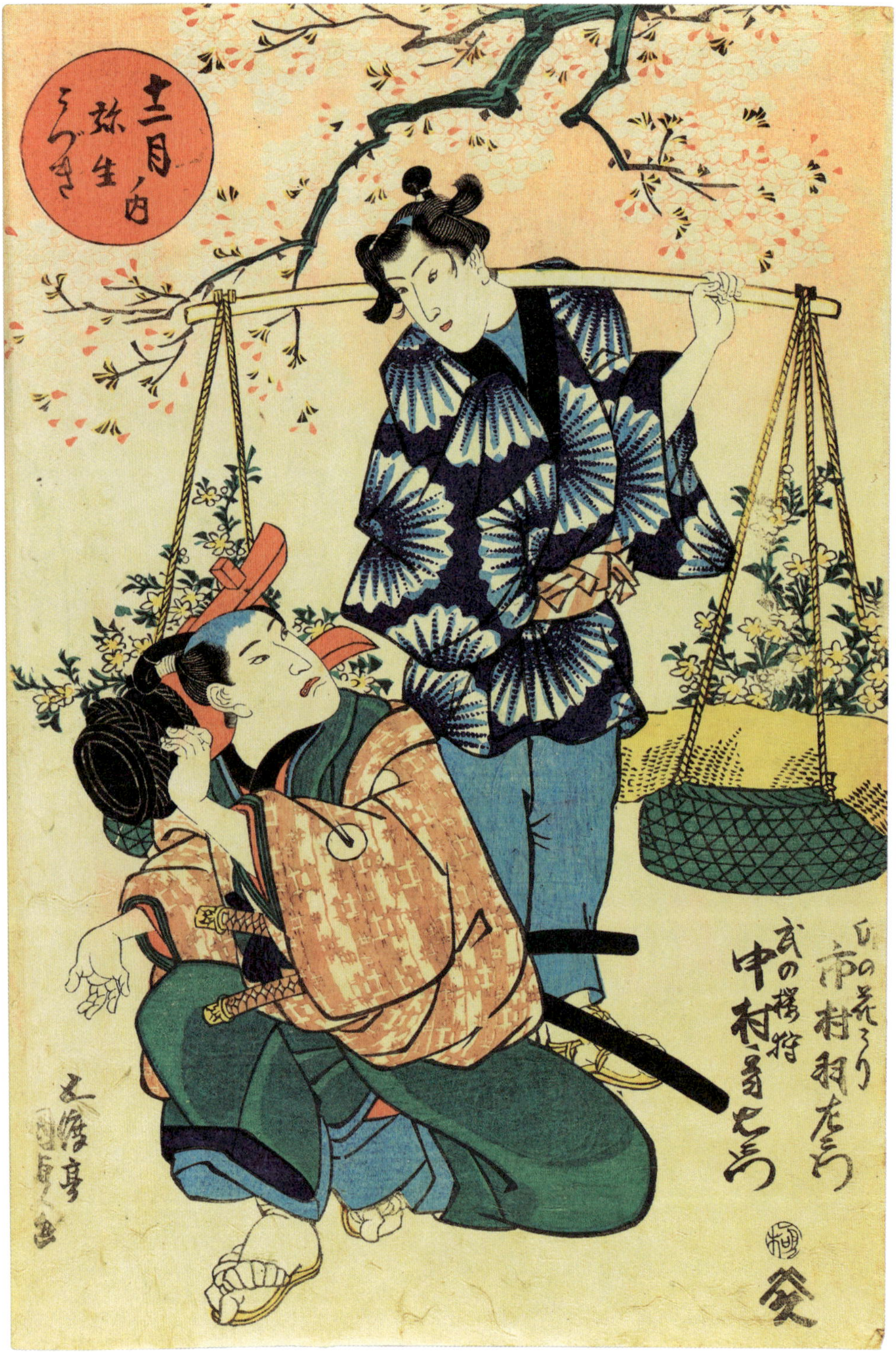

47

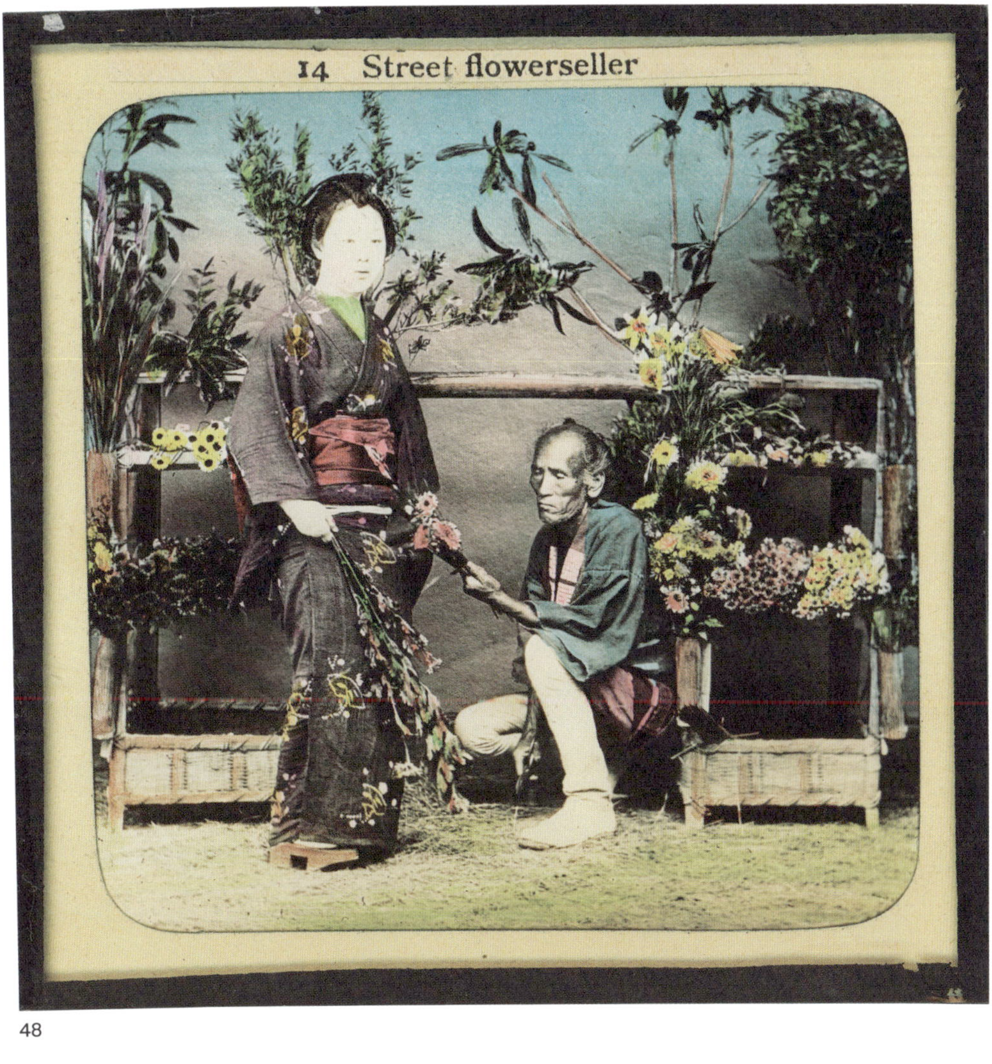

14 Street flowerseller

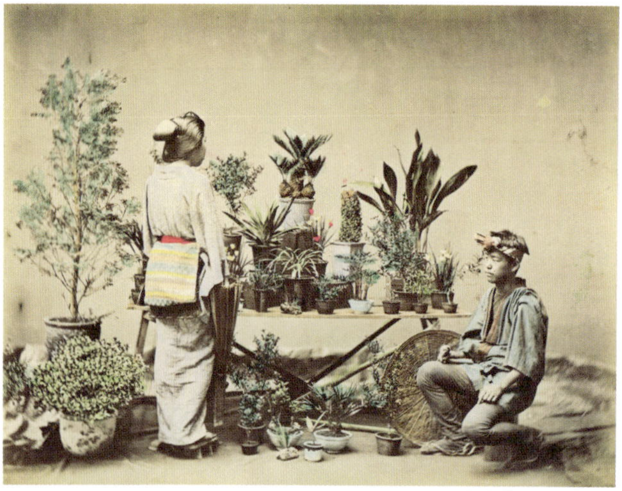

49

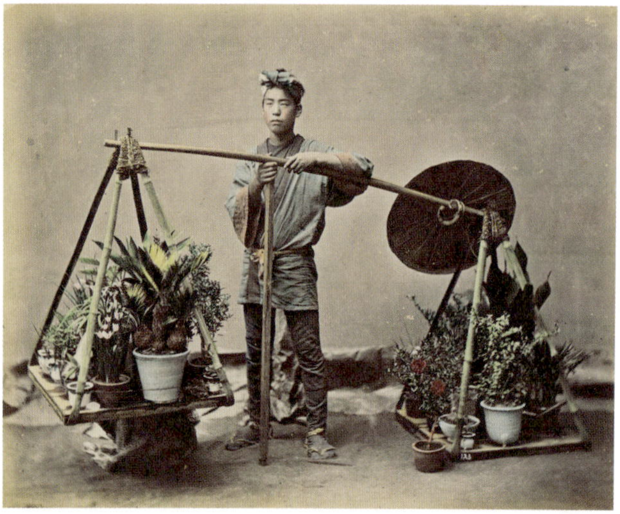

50

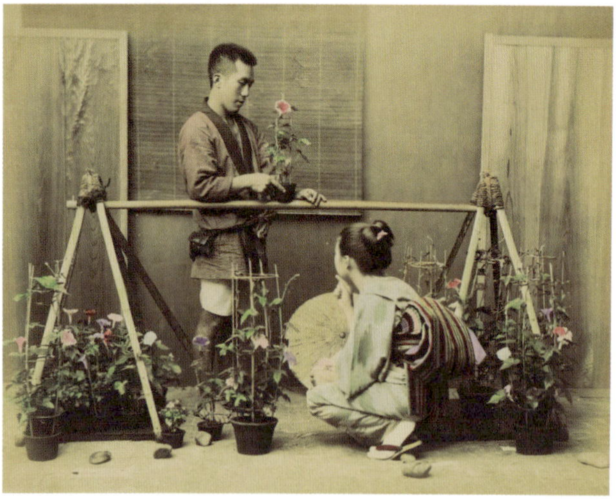

51

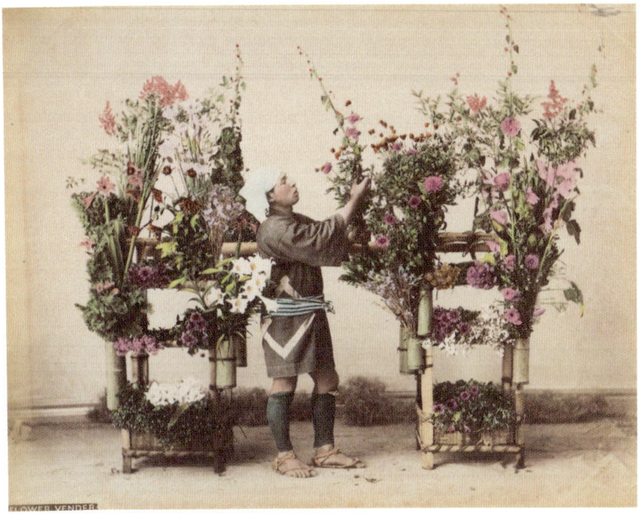

52

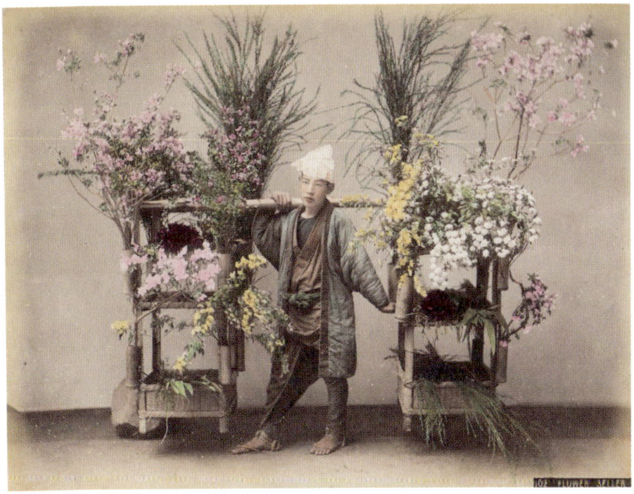

53

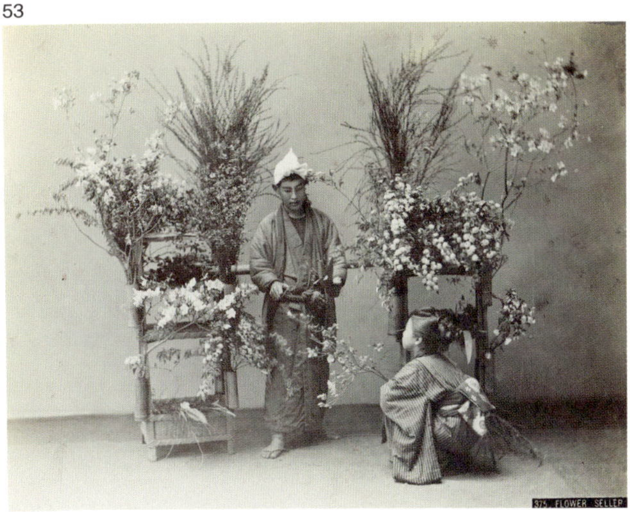

54

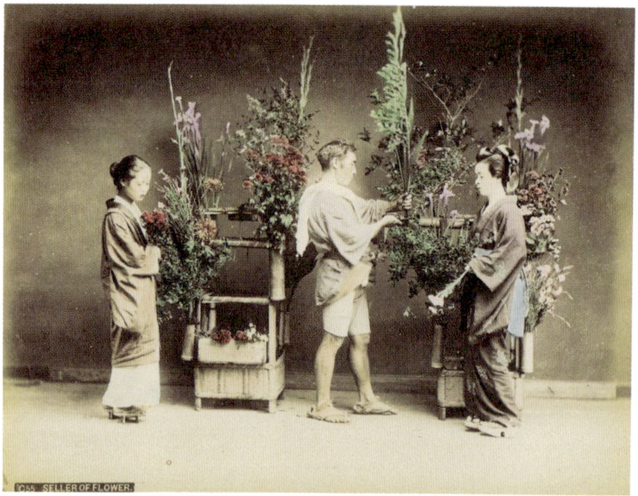

55

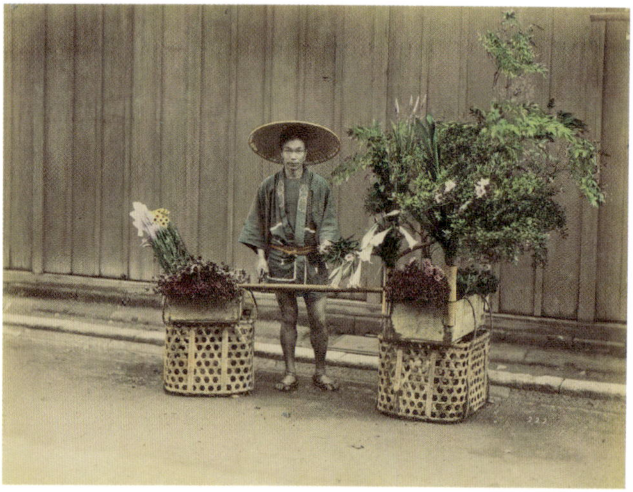
56

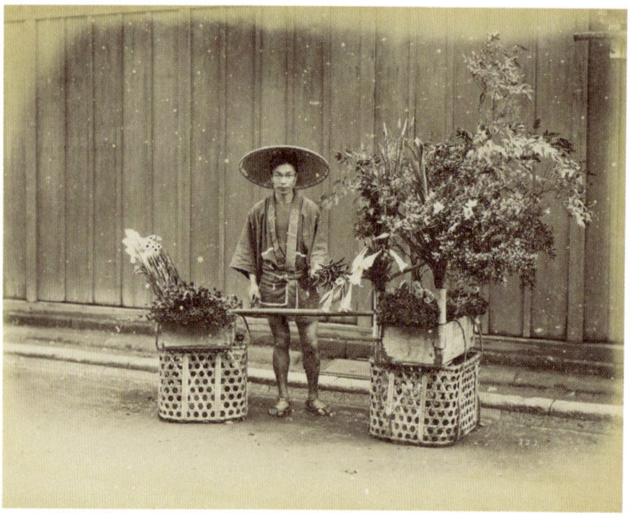
57

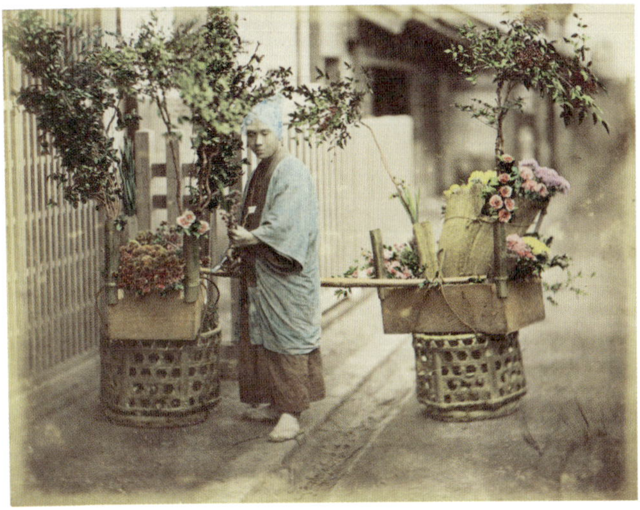

58

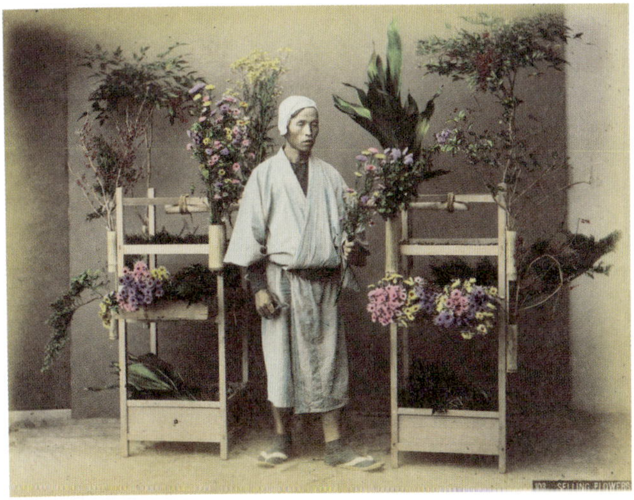

59

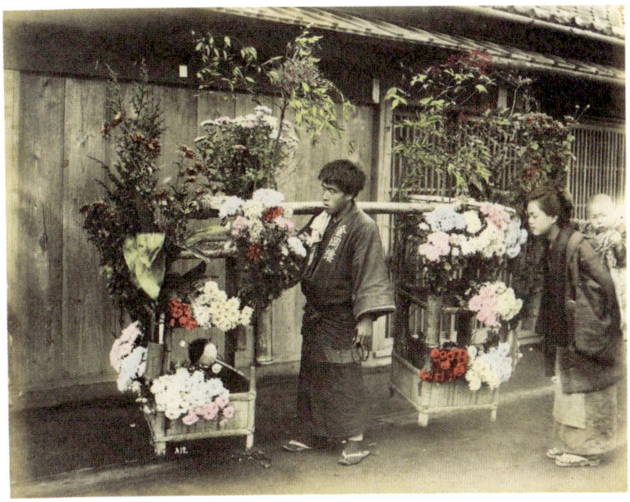

60

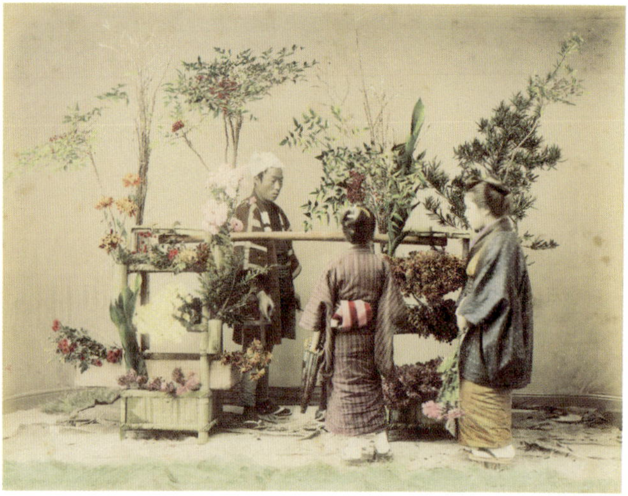

61

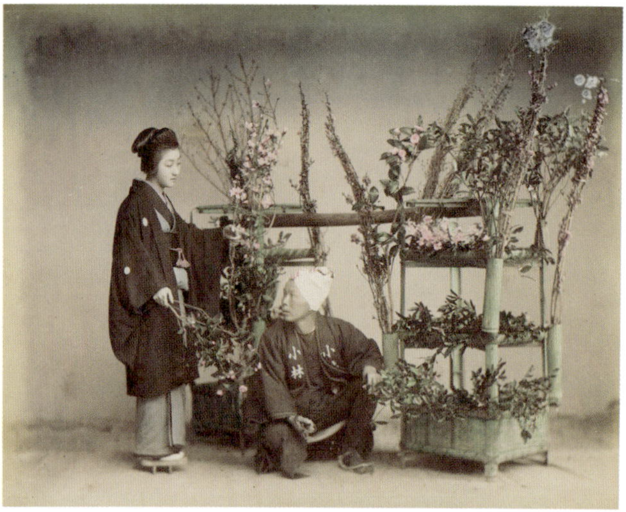

62

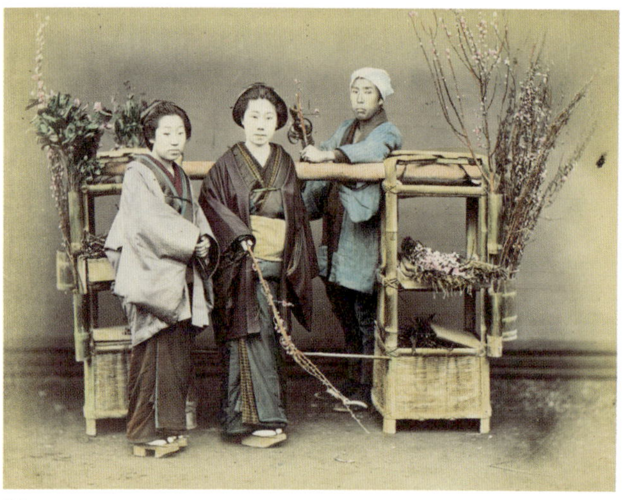

63

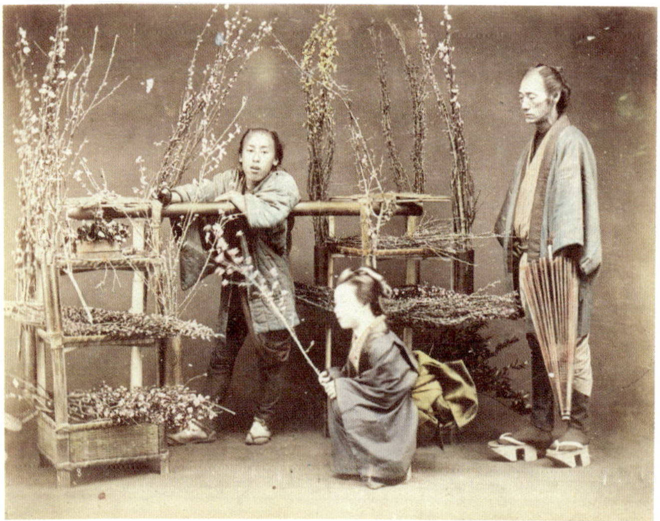

64

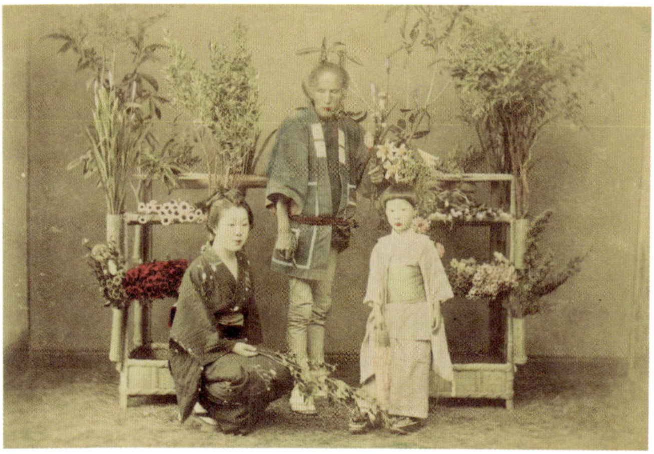

65

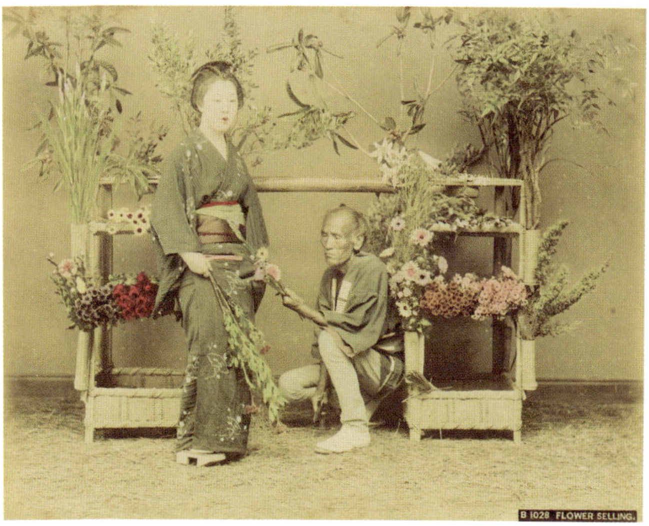

66

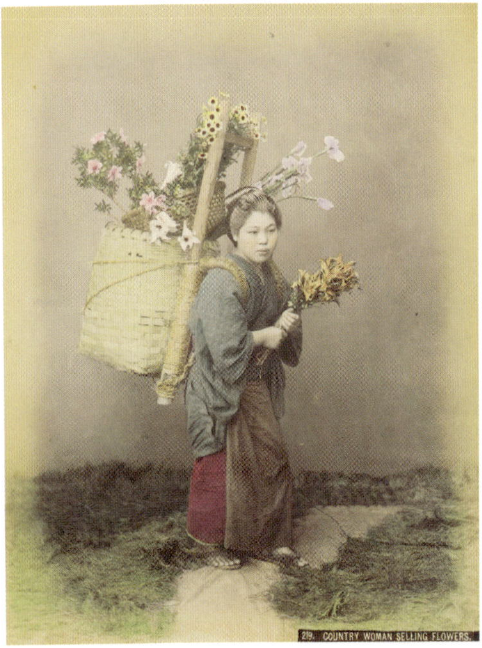
219. COUNTRY WOMAN SELLING FLOWERS.

67

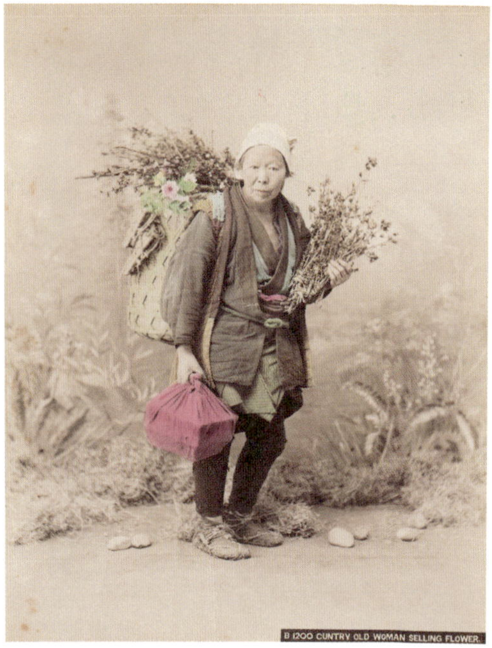
B 1200 CUNTRY OLD WOMAN SELLING FLOWER.

68

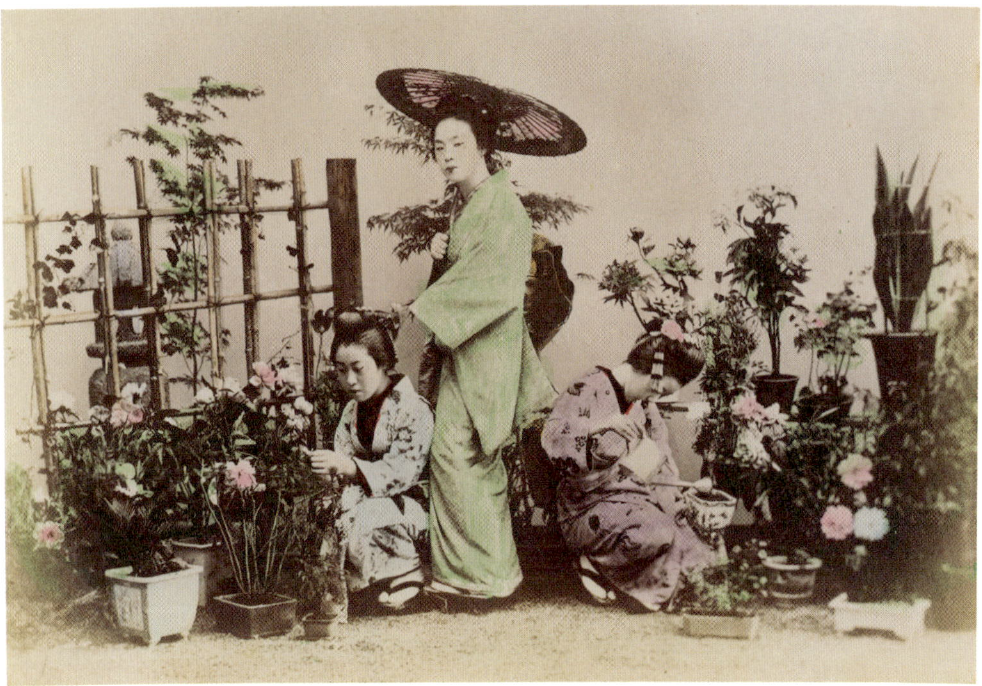

69

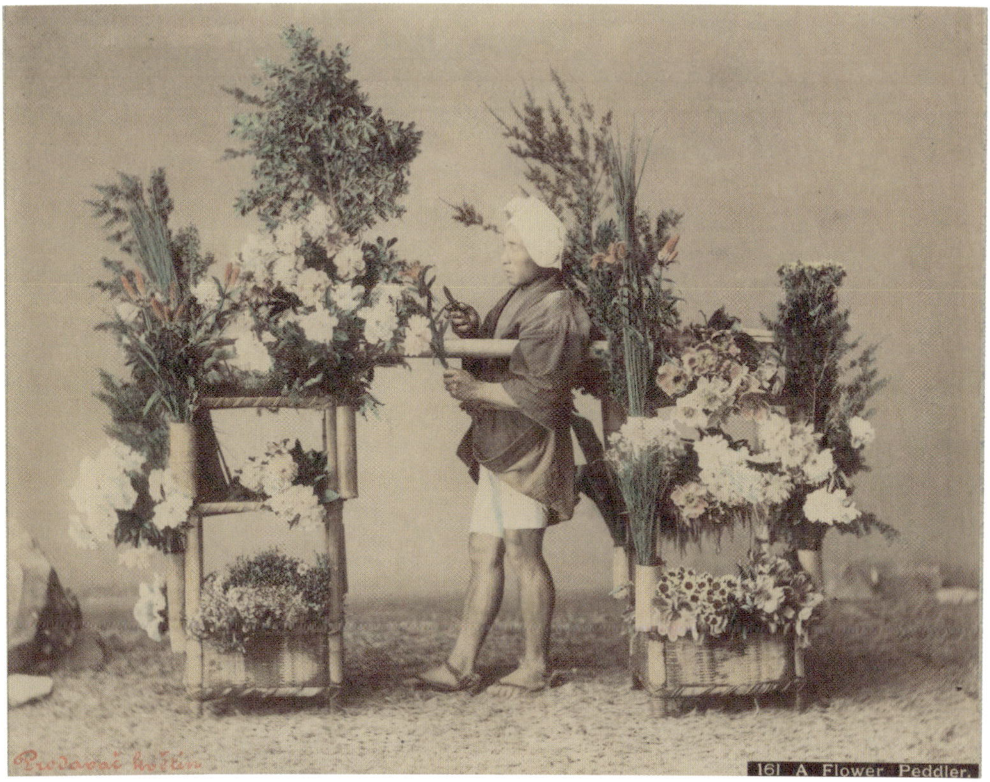
Prodavač květin
161 A Flower Peddler.

Mortimer in cerca di autore

Linda Fregni Nagler

Mortimer non è il vero nome dell'uomo raffigurato, non è neanche il nome dell'autore, né è il titolo di questa fotografia degli anni sessanta dell'Ottocento. Mortimer è il nomignolo, certamente non giapponese, che ho dato a questo personaggio per distinguerlo dai molti venditori di fiori, *hanauri*, presenti nelle albumine che ho collezionato in più di vent'anni[1].

Quasi ogni fotografo della *Yokohama Shashin*, la Scuola di Yokohama, aveva in catalogo stampe di *hanauri* che, con le loro strutture di bambù per trasportare i fiori, incantavano i viaggiatori occidentali: "veritable walking bouquets, they add to the picturesque street life, like a kaleidoscope, abounds in movement and color"[2]. Nello studio del fotografo, in genere di fronte a un fondo neutro, questi ambulanti assumono delle pose ieratiche e statuarie. Nella composizione dell'immagine le loro strutture occupano quasi sempre lo stesso spazio, come se una regola imponesse un'inquadratura precisa per fotografarle sempre nello stesso modo. Ma una regola non c'è, esiste piuttosto un'attitudine alla copia, intesa come omaggio e non come plagio. La creatività non consisteva nell'individuare o creare un nuovo soggetto che altri avevano già messo in scena, ma nel costruire e variare tutto ciò che gli stava intorno.

Nella mia collezione si contano 27 modelli diversi di *hanauri* su 31 albumine montate su cartoncino, quasi tutte con la didascalia in inglese "Flower Seller". Il venditore di fiori è un *motivo* iconografico tradizionale che la fotografia ha ripreso direttamente dalla pittura e dall'incisione xilografica. La mia raccolta si sviluppa attorno a motivi ricorrenti della cultura tradizionale giapponese, *topoi* visivi di cui il Monte Fuji è un altro esempio, e si caratterizza dunque per la presenza di un numero limitato di soggetti identici che si ripetono con piccole varianti. Possiedo quattro albumine che raffigurano il venditore di fiori affettuosamente soprannominato Mortimer: tre sono repliche della stessa posa frontale (figg. 71, 72, 74), una lo riprende di profilo (fig. 73). Certamente, entrambi gli scatti vennero realizzati nella medesima sessione fotografica, ma non è

Mortimer in Search of an Author

Linda Fregni Nagler

Mortimer is not the real name of the man depicted; it is not even the name of the author or the title of this photograph from the 1860s. Mortimer is the nickname – obviously not Japanese – that I have given this man to distinguish him from the multitude of flower sellers, *hanauri*, figuring in the albumen prints I have collected over more than 20 years.[1]

The catalogues of almost every photographer of the *Yokohama Shashin*, the Yokohama School, featured prints of *hanauri*, who enchanted Western travellers with their bamboo structures used to transport flowers: "veritable walking bouquets, they add to the picturesque street life, like a kaleidoscope, abounds in movement and color."[2] In the photographer's studio, these street vendors assumed hieratic, statuary poses, generally in front of a neutral background. Their bamboo structures almost always occupy the same space in the composition of the image, as if in obedience to a rule imposing a precise framing to ensure that they would always be photographed in the same way. And yet there was no such rule; instead, there was a tendency to copy, intended as a tribute and not as plagiarism. The photographer's creativity did not consist in identifying or creating a new subject that others had already captured, but rather in constructing and varying everything around that subject.

My photography collection features 27 different models of *hanauri* on 31 albumen prints mounted on cardboard, almost all with the English caption *Flower Seller.* In fact, the flower seller is a traditional iconographic motif borrowed by photography directly from painting and woodcut engraving. The collection develops around such recurring motifs of traditional Japanese culture, visual *topoi*, of which Mount Fuji is a classic example, and thus is characterised by the presence of a limited number of identical subjects repeated with minor variations.

I have four albumen prints that portray the flower seller affectionately called Mortimers, three in an identical frontal pose (figs 71, 72, 74) and one in profile (fig. 73). The two different poses were surely taken in the same session although

possibile ricostruirne la sequenza. Il negativo su vetro, probabilmente andato distrutto in uno dei due incendi di Yokohama (1866-1886), è stato la matrice altamente riproducibile di tutte le stampe di questo soggetto.
I 'miei' Mortimer, ma in realtà tutti i Mortimer, si distinguono sottilmente, nelle loro apparizioni materiali sulle fotografie di souvenir degli anni sessanta dell'Ottocento, per la colorazione a mano che mai avrebbe potuto restituire risultati perfettamente identici. Intervenendo su un procedimento meccanico – la stampa fotografica sottostante –, la mano sapiente di un artigiano colorista ha deciso di applicare sul volto di Mortimer un certo tono di incarnato, di farlo vestire di azzurro, di fargli tenere in mano dei fiori viola, gialli e rosa. Il risultato finale ha sottopelle una doppia identità: è sia pittura sia fotografia, è dichiaratamente una riproduzione ma assume anche il valore di un'opera autonoma. Resta il dubbio se il suo kimono fosse davvero di quell'azzurro e se esistano davvero margherite viola.
Alcuni studi fotografici erano particolarmente rinomati per la capacità di applicare i colori. A questo proposito, c'è una significativa testimonianza di Rudjard Kipling che nel 1889, in occasione della sua visita in Giappone, afferma: "In Giappone, dovete acquistare fotografie, e le migliori sono dello studio Farsari & Co. [...] Una fotografia a colori ti fa venire in mente qualcosa di orribile ed infatti normalmente è orribile, tuttavia Farsari sa come ben colorare ed è capace di riprodurre i toni di luce di quel bellissimo paese. Dal ponte della nave io ridevo guardando le sue colline dipinte di rosso e di blu, ma quando ho raggiunto quel luogo ho realizzato che quello che aveva dipinto era reale"[3].
Nella visione di Kipling il colore in fotografia è contro-natura, contro la natura specifica del mezzo fotografico che era nato per produrre immagini in bianco e nero. Indirettamente, lo scrittore associa il realismo alla fotografia e l'artificio alla pittura, affermando che ciò che Farsari aveva dipinto – ma sarebbe meglio dire colorato – era *reale*, cioè una riproduzione esatta di quello che percepiva con la vista.
Per ricomporre la biografia dei miei Mortimer il *medium* è un buon punto di partenza. Si tratta di stampe all'albumina realizzate utilizzando un negativo in vetro posto a contatto con la carta fotosensibile. Questo processo, che conferisce alla stampa un colore marrone seppiato, era prediletto dagli studi fotografici perché assicurava anche incisività e dettaglio, oltre a un vasto spettro tonale. Nell'unica mia stampa di Mortimer che non è colorata (fig. 72) i bordi sono ingialliti, indice del danneggiamento dovuto all'esposizione dell'albumina alla luce.
Esistono centinaia di fotografie con Mortimer venditore di fiori, etichettate con piccole varianti come "103. SELLING FLOWERS", oppure "1515. Selling Flower". Il mio esemplare non colorato è senza etichetta e il numero di catalogo 103 compare in bianco al centro del soggetto perché è stato scritto a mano sul negativo stesso.
Non essendo firmate né considerate opere d'arte dai loro artefici, passando di proprietà da uno studio all'altro, è molto difficile riuscire ad attribuire con certezza le fotografie della Scuola di Yokohama. Inoltre, in epoca successiva, gli album originali furono spesso smembrati per vendere le singole immagini a prezzo maggiorato, disperdendosi di conseguenza in innumerevoli sedi.
Nella sua recente pubblicazione *Japonais et Japonaises: dans l'atelier photographique de Felice Beato à Yokohama* (2016), il Musée d'Art Moderne et Contemporain di Strasburgo presenta uno dei *Doppelgänger* di Mortimer e lo data 1880.
Sia questo Mortimer che il nostro riportano il numero 103 scritto a mano; quello di Strasburgo è colorato, il mio è rimasto color seppia. Un altro Mortimer nella raccolta, identico a quello color seppia e chiaramente stampato dalla stessa matrice (fig. 71), è invece etichettato in basso a destra: "103. SELLING FLOWERS". Ora, Felice Beato non usava numerare le proprie stampe. Pare difficile quindi che si tratti davvero di un suo scatto. La presenza nella Collezione Alinari di una stampa di Mortimer che non ha numero né etichetta mi ha fatto pensare che davvero si trattasse di un Beato originale. Felice Beato, il fotografo più celebre,

it is not possible to reconstruct the sequence. The glass negative, probably destroyed in one of the two fires in Yokohama (1866–86), was the highly reproducible matrix of all the prints of this subject. The material appearance of "my" Mortimers – but actually of all the Mortimers – differ slightly in the souvenir photographs of the 1860s given that they were coloured by hand, which by its nature cannot produce identical results. Intervening in a mechanical procedure – the underlying photographic print – the skilled hand of the colourist chose to apply a certain skin tone to Mortimer's face, to dress him in blue, to have him hold purple, yellow and pink flowers in his hand. The final result has a dual identity: it is both a painting and a photograph and, while it is clearly a reproduction, it also assumes the value of an autonomous work. The question remains as to whether his kimono was truly that blue or whether purple daisies really exist.
Some photographic studios were particularly renowned for their ability to apply colour. In this regard, Rudyard Kipling remarked during a visit to Japan in 1889: "In Japan you have to buy photographs and the best are from the Farsari & Co. studio...A coloured photo makes you think of a horror and it normally is so, however Farsari knows how to colour well and can reproduce the light tones of that beautiful country. From over the bridge on the ship, I was laughing at his red and blue hills but once I reached there, I realised that what he had painted was real."[3]
In Kipling's view, colour in photography is unnatural, contrary to the specific nature of the photographic medium, which was created to produce black-and-white images. Indirectly, the writer associated realism with photography and artifice with painting, claiming that what Farsari had painted – or rather, coloured – was *real*, that is, an exact reproduction of what he had seen.
To reconstruct the biography of my Mortimers, the medium is a good starting point. In our case, they are albumen prints made from a glass negative placed in contact with photosensitive paper. This process, which gives the print a sepia tone, was favoured by photographic studios because it ensured sharpness and detail as well as wide tonal range. In my only uncoloured Mortimer print (fig. 72), the edges are yellowed, a sign of damage from exposure of the albumen to light. There are hundreds of photographs of Mortimer flower sellers, labelled with minor variants as "103. SELLING FLOWERS." or "1515. Selling Flower." My uncoloured print has no label, and the catalogue number 103 appears in white in the centre of the subject because it was written by hand directly on the negative.
Since they were not signed or considered as works of art by their creators, passing from one studio to another, it is very difficult to definitively attribute the photos of the Yokohama School. Furthermore, in later times, the original albums were often disassembled to sell individual images at a higher price, resulting in their dispersion to countless locations.
In its recent publication *Japonais et Japonaises: dans l'atelier photographique de Felice Beato à Yokohama* (2016), the Musée d'Art Moderne et Contemporain of Strasbourg features a Mortimer *Doppelgänger* dated to 1880.
Both that Mortimer and ours bear the handwritten number 103, though the Strasbourg print was coloured and mine was left sepia. Meanwhile, another Mortimer in my collection, identical to the sepia one and clearly printed from the same matrix (fig. 71), is labelled in the lower right "103. SELLING FLOWERS." However, Felice Beato did not number his prints. Thus, it seems unlikely that it is actually one of his shots. The presence in the Alinari collection of a Mortimer print with no number or label made me think that theirs was indeed an original Beato – Felice Beato, that most celebrated and mysterious photographer, founder of the Yokohama School. And yet, upon closer inspection, the Alinari print appears to have been trimmed at the bottom, precisely where the label would normally have appeared. That part was then glued onto another card and labelled with the words "Selling Flowers." (on the card, not on the print), with no catalogue number. The Alinari are the only ones who make no definite attribution, and in fact, the Strasbourg attribution to Beato stands alone.

il più misterioso, l'iniziatore della Scuola di Yokohama. Eppure, a una più attenta osservazione, la stampa degli Alinari appare rifilata in basso, proprio nella misura normalmente occupata dall'etichetta. È stata poi incollata su un altro cartoncino ed etichettata (non sulla stampa, ma sul cartoncino) con la scritta "Selling Flowers." senza numero di catalogo. Gli Alinari sono gli unici a non azzardare un'attribuzione certa. L'attribuzione di Strasburgo a Beato rimane isolata.
La numerazione manuale era identificativa di un altro importante esponente della fotografia di Yokohama, il barone austriaco Raimund von Stillfried. La versione seppiata che possiedo è numerata così.
L'etichetta tipografata (interna alla stampa fotografica, non incollata) è associata ad altri fotografi giapponesi, ognuno dei quali utilizzava un carattere diverso. Kusakabe Kimbei, forse il più talentuoso, etichettava tipograficamente le sue immagini. Kimbei aveva lavorato per molti anni sia nello studio di Beato che in quello di Von Stillfried come assistente colorista. Intorno al 1885 aveva acquisito i loro negativi, oltre a quelli di Uchida Kuichi. Dunque, sapendo che Kimbei era stato allievo e assistente di Von Stillfried e che ne aveva acquisito i negativi, potremmo pensare che la stampa con l'etichetta sia un negativo di Von Stillfried stampato da Kimbei. In effetti, molti musei e raccolte internazionali condividono questa ipotesi (National Gallery of Canada, National Gallery of Victoria, Birmingham Museum of Art, National Gallery of Australia, Syracuse University Art Museum).
Che l'attribuzione spetti a chi ha realizzato lo scatto o a chi successivamente l'ha stampato e commercializzato è un'ulteriore questione.
In un suo importante saggio, W. J. T. Mitchell[4] evidenzia che nella lingua inglese (ma non in quella tedesca né in quella italiana) esiste una distinzione tra *image* e *picture*: la *picture* è il supporto materiale, nel quale compare la *image*.
È interessante notare che normalmente, in fotografia, il concetto di autore è legato al fotografo, a chi cioè visualizza la *image*, per dirla con Mitchell. Capita che a volte i negativi vengano stampati dopo la sua morte, basti pensare al caso di Garry Winogrand o a quello eclatante di Vivian Maier. Nel caso della fotografia di Yokohama la materialità dell'oggetto, la *picture*, acquisisce importanza, anzi predomina, se un archivio museale decide di attribuire questa fotografia a colui che l'ha stampata, colorata e messa in circolazione piuttosto che a chi ha messo in posa quell'uomo guardando attraverso il vetro opalino di una camera e ha realizzato lo scatto, unico e irripetibile: un frammento di tempo nella storia.
Torniamo ora al Mortimer visto di profilo (fig. 73). Quello che possiedo è etichettato come "1572 SELLING FLOWER". Il numero di catalogo è molto distante dal 103, il carattere tipografico è diverso, inoltre c'è un errore linguistico: "flower" è al singolare. Non è raro trovare errori di questo tipo nelle etichette della *Yokohama Shashin*, scritte da laboratori giapponesi in inglese per viaggiatori occidentali.
Questo esemplare corrisponde a una copia della stessa immagine nell'archivio Alinari che ancora una volta lo classifica come "autore non identificato" (si noti la diversa colorazione del cappello). Compare però lo stesso scatto (la stessa *image*) etichettato "1515 SELLING FLOWER" in un museo praghese, nella cui pagina di archiviazione l'autore non è neanche contemplato come voce.
Questo stesso numero di catalogo, 1515, l'ho ritrovato nel libro *Old Japanese Photographs. Collector's Data Guide* di Terry Bennett[5], considerato la bibbia dei collezionisti di questo tipo di *objets de plaisir*. Qui, il Mortimer di profilo è presente con il suo numero 1515, con tanto di errore, attribuito a Esaki Reiji. Bennett afferma che l'attribuzione di quel catalogo è solo ipotetica. Sappiamo però dal numero di catalogo e dal carattere tipografico che l'etichetta non viene dallo studio Kimbei.
Quindi i negativi di quei due scatti, il frontale e il profilo, *images* realizzate nello stesso giorno da uno stesso autore non identificato, si sono separati a un certo punto e sono entrati come *pictures* a far parte dei cataloghi di due studi fotografici diversi.

The manual numbering indicated another important exponent of Yokohama photography, the Austrian Baron Raimund von Stillfried. The sepia version in my possession is numbered in that way.
Typed labels (part of the print, not glued onto it) are associated with other Japanese photographers, each of whom used a different typeface. Kusakabe Kimbei, arguably the most talented among them, used typed labels for his images. He had worked for many years as assistant colourist in both Beato's and Von Stillfried's studios and, around 1885, acquired their negatives, along with those of Uchida Kuichi. Thus, knowing that Kimbei was a student and assistant to Von Stillfried and acquired his negatives, it is reasonable to believe that the labelled print is a Von Stillfried negative printed by Kimbei. In effect, many international museums and collections support this hypothesis (National Gallery of Canada, National Gallery of Victoria, Birmingham Museum of Art, National Gallery of Australia and Syracuse University Art Museum).
Whether the attribution should go to the person who took the photograph or to the person who subsequently printed and sold it is another question.
In his influential essay, W. J. T. Mitchell[4] pointed out that English makes a distinction between *image* and *picture* (whereas German and Italian do not). The *picture* is the material support in which the *image* appears. It is interesting to note that, in photography, the concept of author is generally associated with the photographer, that is, the person who visualizes the *image*, as Mitchell said. It sometimes happens, however, that the negatives are printed after the photographer's death, as was the case with Garry Winogrand or, even more strikingly, with Vivian Maier. In the case of Yokohama photography, the materiality of the object, the *picture*, acquires importance – or, in fact, predominates – when a museum archive decides to attribute the photograph to the person who printed, coloured and circulated it rather than to the person who posed the subject, peering through the opaline glass of a camera, and took the unique, unrepeatable shot: a fragment of time in history.
Let us return to the Mortimer seen in profile (fig. 73). The one I own is labelled "1572 SELLING FLOWER." The catalogue number is far from 103 and the typeface is different. There is also a linguistic error insofar as flower is in the singular. It is not unusual, in fact, to find errors of this type in the labels of the *Yokohama Shashin*, which were written in English in Japanese labs for Western travellers. This example corresponds to a copy of the same image in the Alinari archive, which is once again classified as "unidentified author" (note the difference in colour of the hat). However, compare the same shot (the same *image*) labelled "1515 SELLING FLOWER" in a Prague museum, whose archive page does not even include the author as an entry. I found this same catalogue number, 1515, in the book *Old Japanese Photographs. Collector's Data Guide* by Terry Bennett,[5] considered the bible for collectors of this type of *objet de plaisir*. Here, the Mortimer is shown in profile with the number 1515, errors included, and attributed to Esaki Reiji. Bennett claims that this attribution is strictly hypothetical. We know from the catalogue number and the typeface that the label does not come from the Kimbei studio.
Thus the negatives of those two shots, the frontal and the profile – *images* taken on the same day by the same unidentified author – were separated at some point and entered as *pictures* in the catalogues of two different photography studios. Any attribution of this image to a particular author is what is known in English as an educated guess, but I am amazed that anyone can claim to be certain of the author. There are simply too many variables at play, both concrete and philosophical. Such insistence on assigning an author to this *image* at all costs may be due to a fascination with the lives of adventurous and unconventional characters such as Beato, Farsari and Von Stillfried, and yet it contrasts with the very nature of these photographic objects, which are, in the end, multiple products for commercial purposes.

Attribuire questa immagine a qualcuno è quello che si dice in inglese *educated guess*, ma mi stupisce che ci si possa arrogare davvero la certezza di un nome. Troppe variabili, sia concrete sia filosofiche, sono in gioco. In fondo, l'insistenza nel voler a tutti i costi assegnare un autore a questa *image* è forse data dalla fascinazione delle biografie di personaggi avventurosi e fuori dagli schemi come Beato, Farsari, Von Stillfried, ma contrasta con la natura stessa di tali oggetti fotografici: prodotti multipli a scopo commerciale.
In questo caso pare che i musei abbiano voluto identificare con certezza un autore che in realtà è sconosciuto, e che forse non siano nemmeno coscienti di essersi prodotti in un erudito esercizio di attribuzione, ingannati dal fatto che non sia solo Mortimer ad avere molti *Doppelgänger*, ma anche l'autore di questa immagine: Beato, Kimbei, Von Stillfried, Reiji...
Penso che le fotografie della Scuola di Yokohama contengano, involontariamente, una serie di elementi concettuali che fanno riflettere sulla natura profonda del *medium* fotografico: la messa in scena di un mondo in via di estinzione; la ripresa tramite la fotografia di una tradizione iconografica manuale (la xilografia); il carattere commerciale e non artistico di questa tipologia di immagini; la difficoltà di attribuzione delle singole fotografie; l'intervento manuale in una tecnica di riproduzione meccanica.
Quello che può sembrare un problema sottile, la questione dell'attribuzione e dell'archiviazione di Mortimer, è a ben vedere inerente alla natura stessa, da un punto di vista filosofico, dell'immagine fotografica.

1 La scelta di chiamare Mortimer il venditore non ha alcun riferimento a figure storiche o di invenzione con quel nome. Si riferisce invece alla malinconica e triste espressione del suo volto.

2 Francis Brinkley, *Japan Described and Illustrated by the Japanese*, J.B. Millet Company, Boston 1897.

3 Sebastian Dobson, *Yokohama Shashin*, in *Art and Artifice: Japanese Photographs of the Meiji Era. Selections from the Jean S. and Frederic A. Sharf Collection at the Museum of Fine Arts, Boston*, MFA, Boston 2004, pp. 22-23 (traduzione dell'autrice).

4 W. J. T. Mitchell, *Four Fundamental Concepts of Image Science*, in W. J. T. Mitchell, *Image Science. Iconology, Visual Culture, and Media Aesthetics*, University of Chicago Press 2015.

5 Terry Bennett, *Old Japanese Photographs. Collector's Data Guide*, Bernard Quaritch Ltd., London 2016, p. 130.

In this case, it seems that the museums aimed at a definitive attribution to an author who is actually unknown. It is possible that they do not realise that they have engaged in a scholarly exercise of attribution, misled by the fact that not only Mortimers have many *Doppelgängers*, but also the author of this image: Beato, Kimbei, Von Stillfried, Reiji...
In general, Yokohama School photographs contain a number of conceptual elements that call for a reflection on the profound nature of the photographic medium – the staging of a world in the process of extinction; the reproduction through photography of a manual iconographic tradition (woodcut); the commercial and non-artistic character of this type of image; the difficulty of attributing individual photographs and the manual intervention in a mechanical reproduction technique.
The question of the attribution and archiving of Mortimer, which may at first seem a minor problem, is in fact intrinsic to the very nature, philosophically speaking, of the photographic image.

1 The choice to call the seller Mortimer implies no reference to historical or fictional figures of that name, but refers only to his melancholic, sad facial expression.

2 Francis Brinkley, *Japan Described and Illustrated by the Japanese* (Boston: J.B. Millet Company, 1897).

3 Quoted in Sebastian Dobson, "Yokohama Shashin," in *Art and Artifice: Japanese Photographs of the Meiji Era. Selections from the Jean S. and Frederic A. Sharf Collection at the Museum of Fine Arts, Boston* (Boston: MFA, 2004), pp. 22–3.

4 W. J. T. Mitchell, "Four Fundamental Concepts of Image Science," in W. J. T. Mitchell, *Image Science. Iconology, Visual Culture, and Media Aesthetics* (University of Chicago Press, 2015.

5 Terry Bennett, *Old Japanese Photographs. Collector's Data Guide* (London: Bernard Quaritch Ltd., 2016), p. 130.

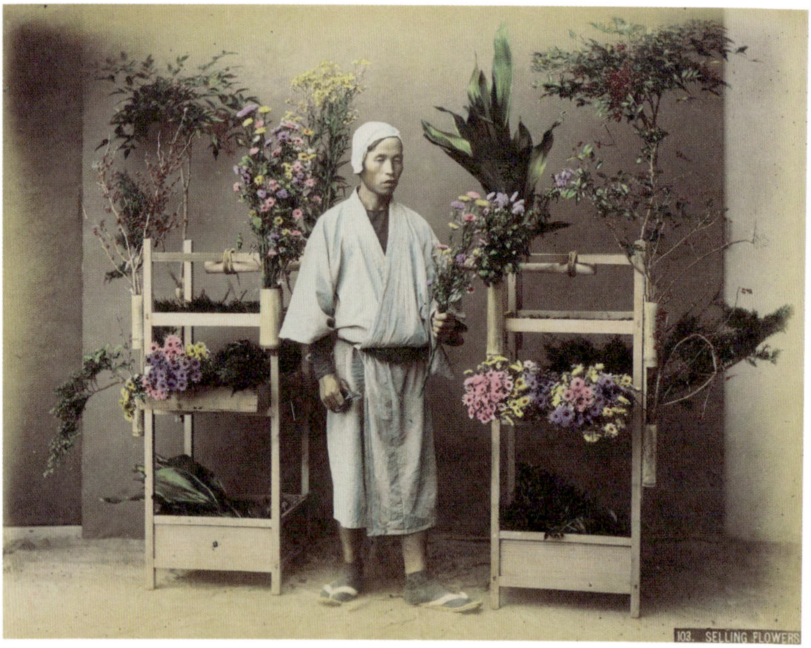

71

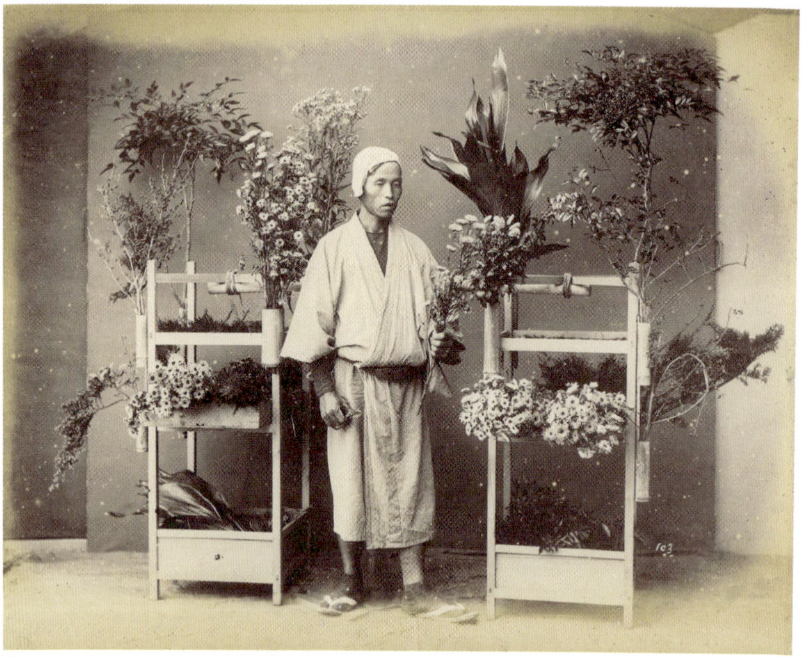

72

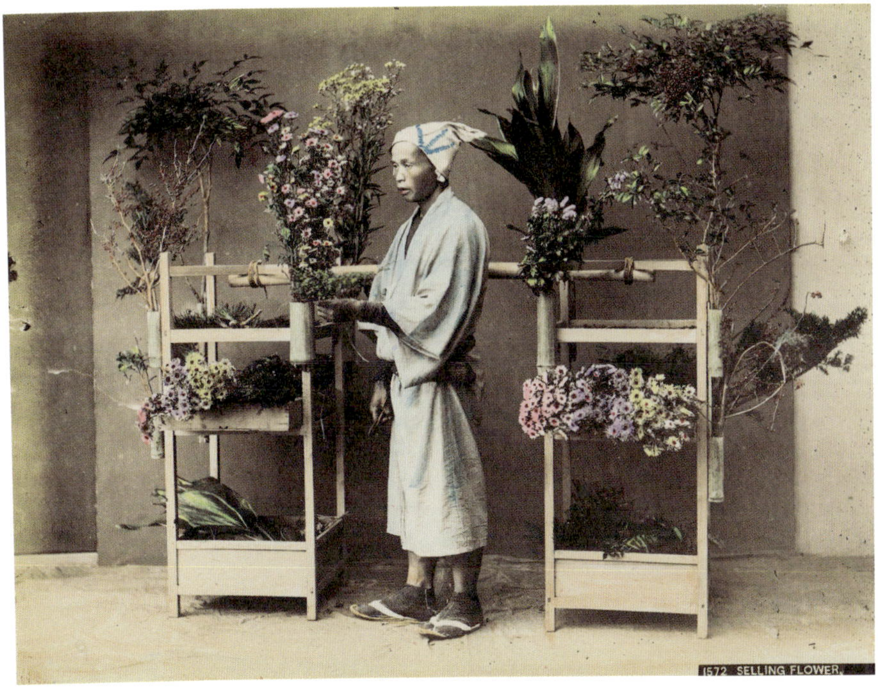

73

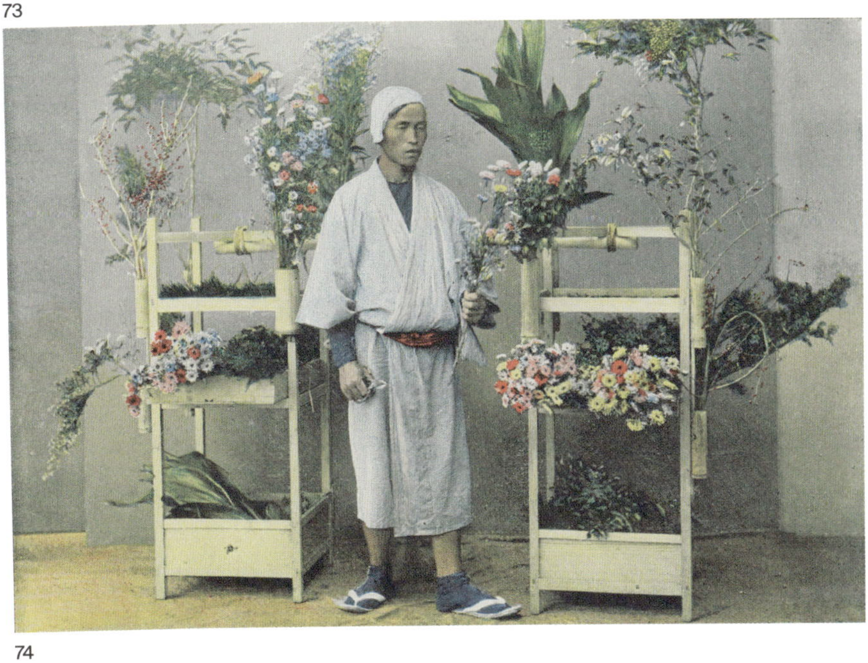

74

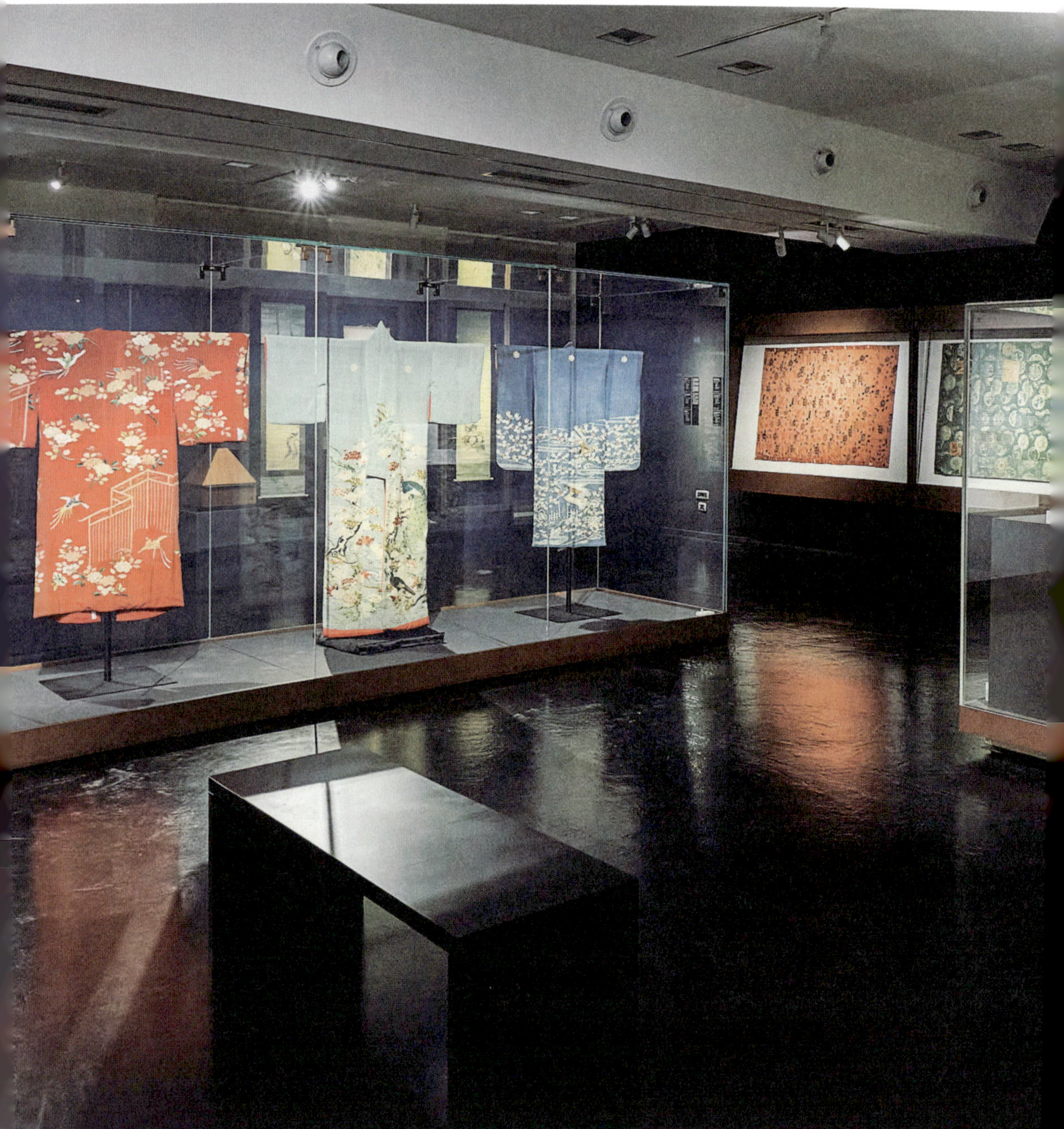

75

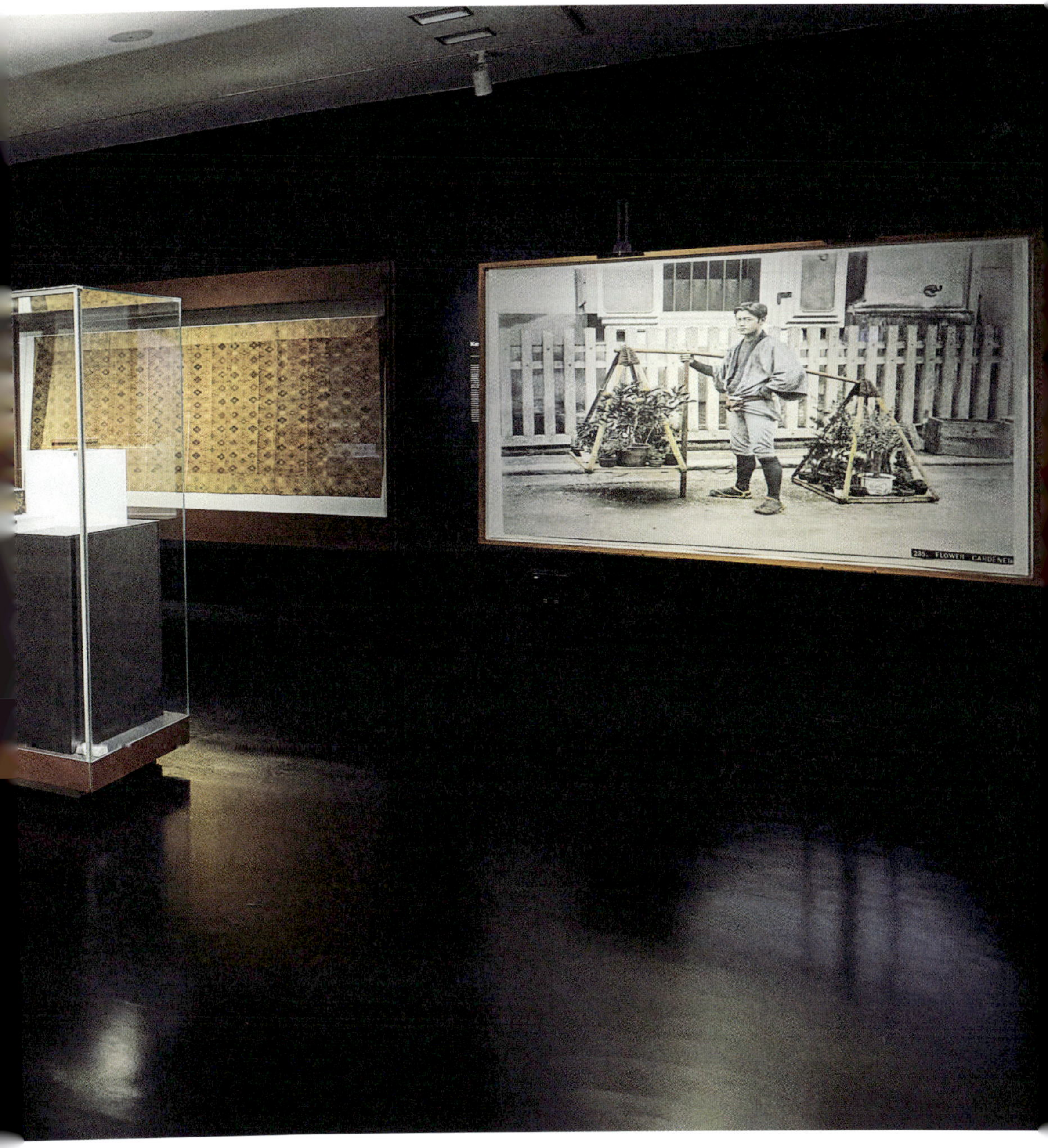

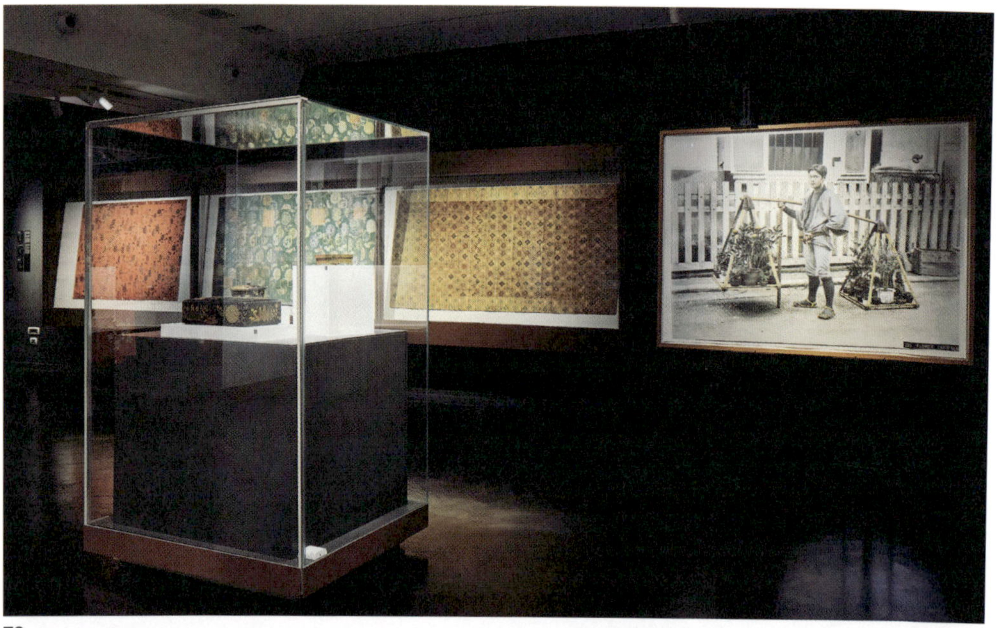

76

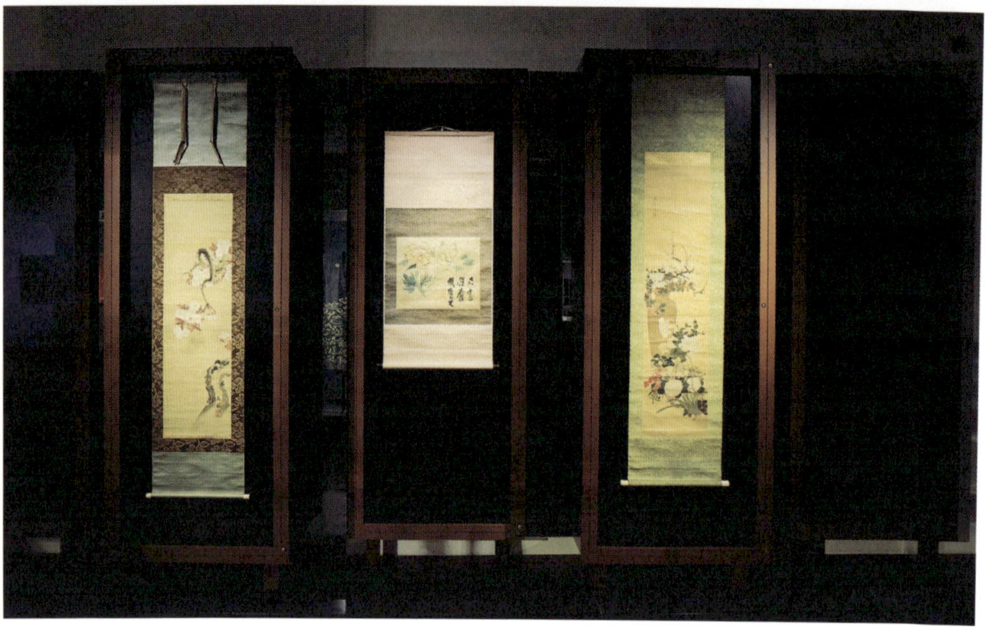

77

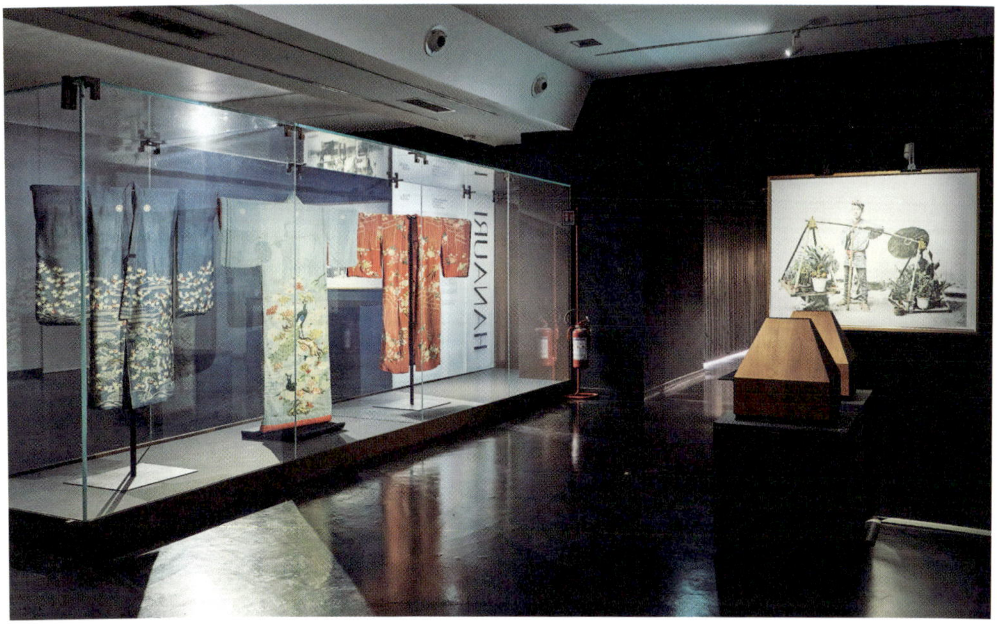

78

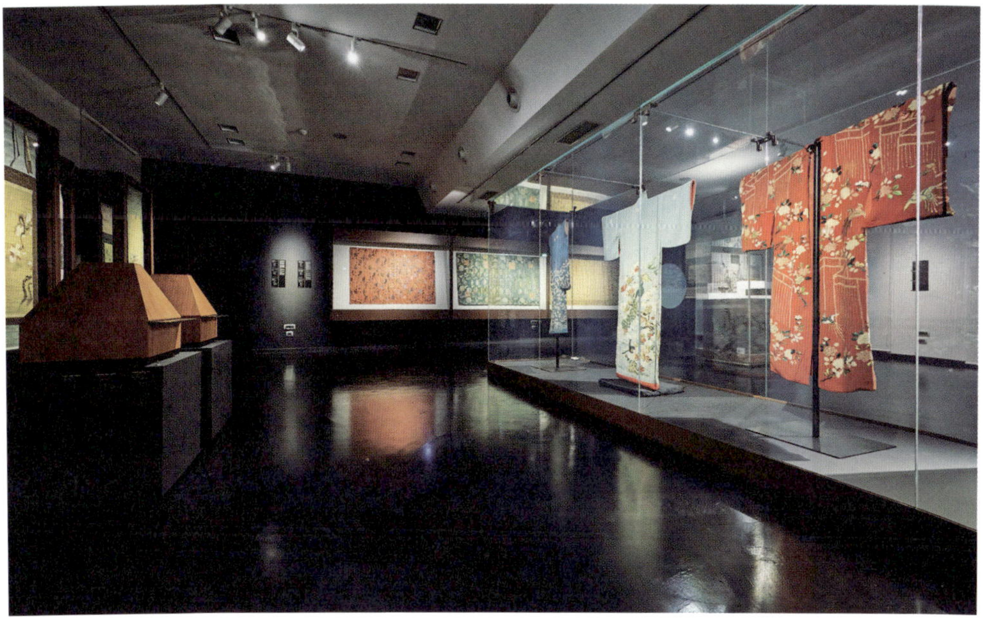

79

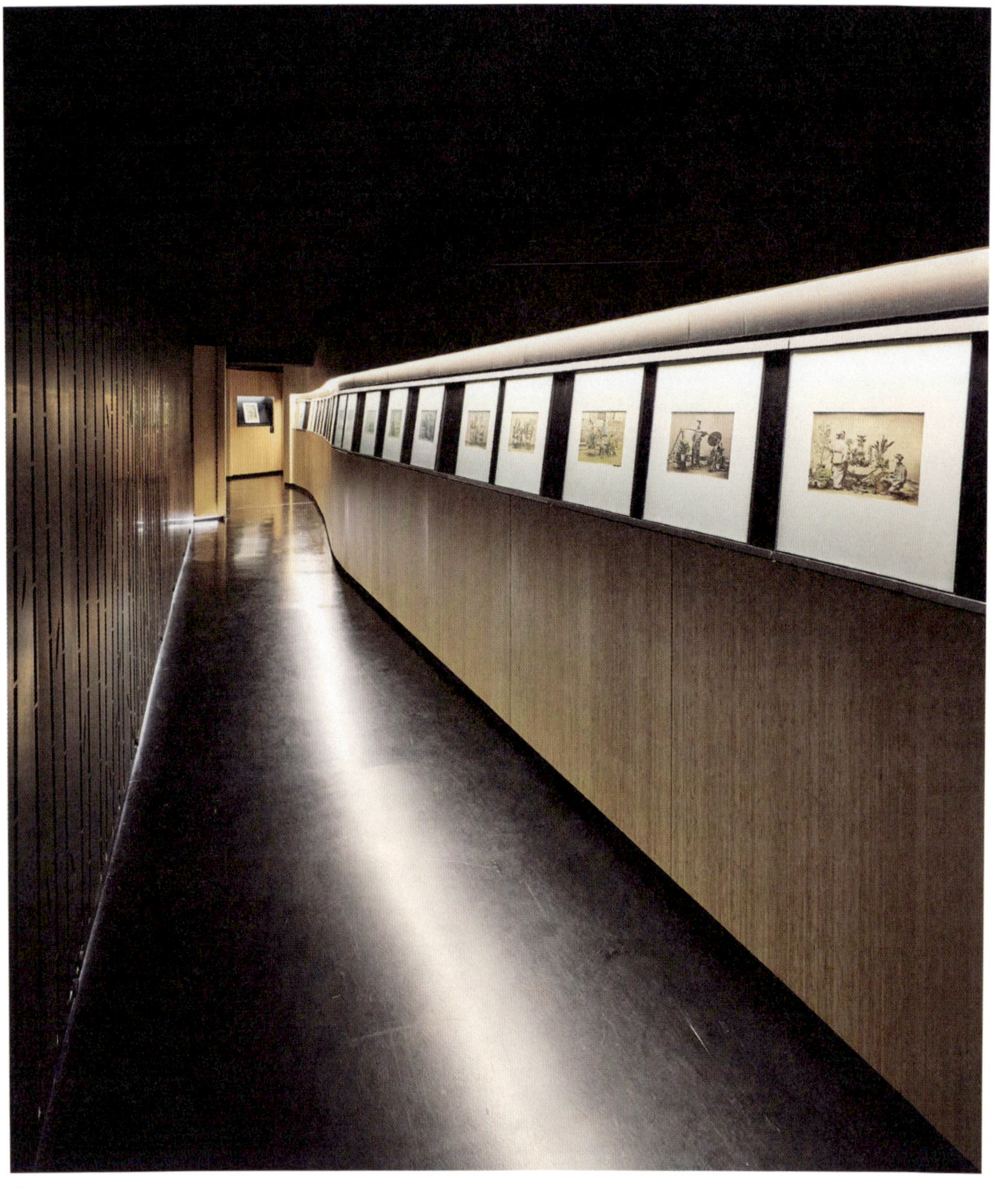

80

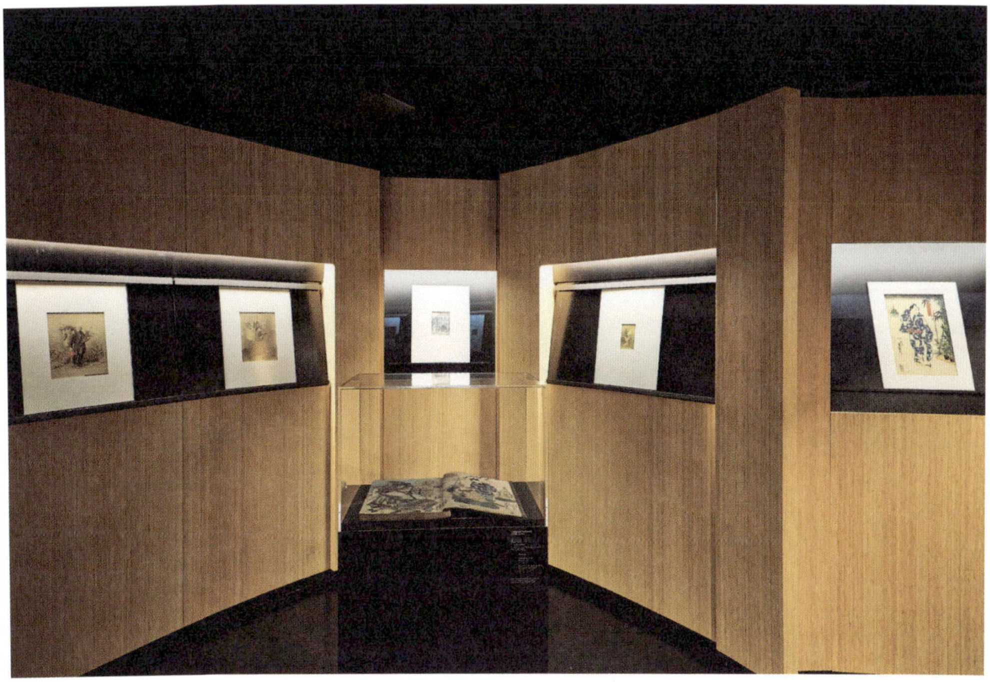

81

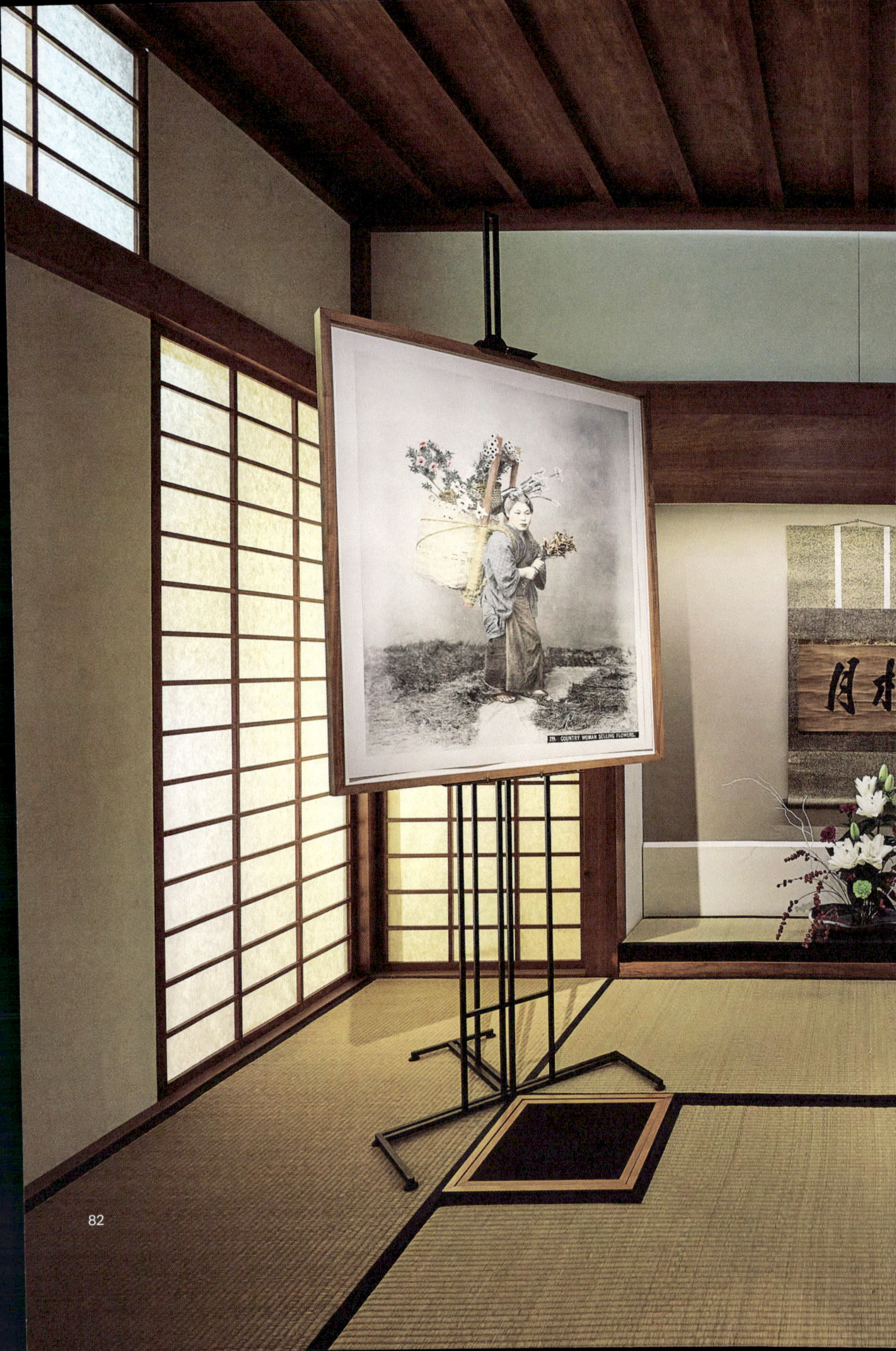
COUNTRY WOMAN SELLING FLOWERS.

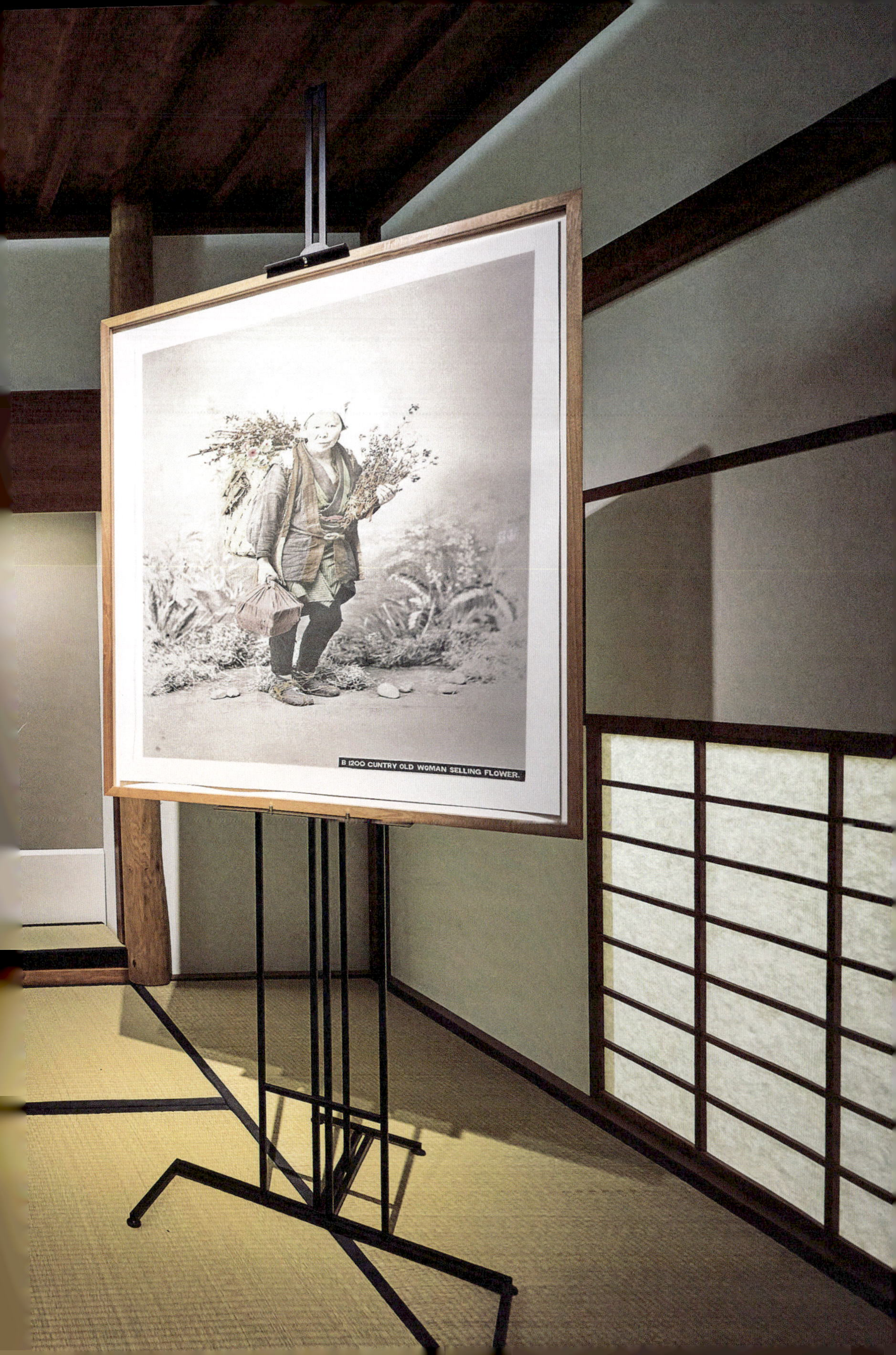
B 1200 CUNTRY OLD WOMAN SELLING FLOWER.

Elenco delle didascalie / List of Captions

* Opera non esposta in mostra / Work not on exhibit

→ 1, p. 20

Linda Fregni Nagler
Flower Vender (YS_FS_LFN_001)
2018
Stampa alla gelatina ai sali d'argento colorata a mano / Hand-coloured gelatin silver print
118 x 151,2 cm; incorniciata / framed: 123,2 x 156,7 cm
Collezione / Collection Ottaviano Vimercati Sanseverino

→ 2, p. 21

* Linda Fregni Nagler
Flower Peddler (YS_FS_LFN_002)
2018
Stampa alla gelatina ai sali d'argento colorata a mano / Hand-coloured gelatin silver print
118,1 x 156,8 cm; incorniciata / framed: 123,3 x 162 cm
Collezione privata / Private Collection

→ 3, p. 22

Linda Fregni Nagler
Untitled (Cycas) (YS_FS_LFN_004)
2018
Stampa alla gelatina ai sali d'argento colorata a mano / Hand-coloured gelatin silver print
118,4 x 154,4 cm; incorniciata / framed: 125 x 161 cm
Galleria Vistamare

→ 4, p. 23

Linda Fregni Nagler
Flower Seller (YS_FS_LFN_005)
2018
Stampa alla gelatina ai sali d'argento colorata a mano / Hand-coloured gelatin silver print
118,3 x 153,3 cm; incorniciata / framed: 123,5 x 158,5 cm
Collezione privata / Private Collection

→ 5, p. 24

* Linda Fregni Nagler
Selling Flowers (YS_FS_LFN_003)
2018
Stampa alla gelatina ai sali d'argento colorata a mano / Hand-coloured gelatin silver print
117,9 x 153,6 cm; incorniciata / framed: 123,1 x 158,8 cm
Collezione privata / Private Collection

→ 6, p. 25

Linda Fregni Nagler
Flower Gardener (YS_FS_LFN_006)
2018
Stampa alla gelatina ai sali d'argento colorata a mano / Hand-coloured gelatin silver print
117,3 x 154,6 cm; incorniciata / framed: 122,5 x 163 cm
Santa Margherita Ligure, Collezione privata / Private Collection

→ 7, p. 26

Linda Fregni Nagler
Country Old Woman Selling Flowers (YS_FS_LFN_011)
2018
Stampa alla gelatina ai sali d'argento colorata a mano / Hand-coloured gelatin silver print
101,8 x 80,2 cm; incorniciata / framed: 109 x 87 cm
Galleria Vistamare

→ 8, p. 27

Linda Fregni Nagler
Country Woman Selling Flowers (YS_FS_LFN_010)
2018
Stampa alla gelatina ai sali d'argento colorata a mano / Hand-coloured gelatin silver print
101,8 x 80,2 cm; incorniciata / framed: 109 x 87 cm
Galleria Vistamare

→ 9, p. 32

* ART-010-ML
Duchamp, Marcel, 1887-1968. Rrose Sélavy by Man Ray. 1921. Alès (Gard), France. Pierre André Benoit Collection (photo hand retouched by Duchamp in black ink)
Diapositiva alla gelatina ai sali d'argento su vetro, colorata a mano / Hand-coloured gelatin silver positive photograph on glass
Collezione / Collection Linda Fregni Nagler

→ 10, p. 32

* JAP-149-ML
New Japan. T. Enami. - 29, Bentendori, Yokohama, Japan
Diapositiva alla gelatina ai sali d'argento su vetro, colorata a mano / Hand-coloured gelatin silver positive photograph on glass
Collezione / Collection Linda Fregni Nagler

→ 11, p. 32

* EGY-024-ML
Great Pyramid: Walking Down Descending Passage (Figure - Professor J. Edgar). Lecture - The Pyramid Portrayal of Creation. Slide (Copyright): Morton Edgar, 224 W. Regent St., Glasgow, Scotland
Diapositiva alla gelatina ai sali d'argento su vetro, colorata a mano / Hand-coloured gelatin silver positive photograph on glass
Collezione / Collection Linda Fregni Nagler

→ 12, p. 32

* VULC-027-ML
Cast of body of dog. Pompei. Flatters & Garnett Ltd., Manchester
Diapositiva alla gelatina ai sali d'argento su vetro, colorata a mano / Hand-coloured gelatin silver positive photograph on glass
Collezione / Collection Linda Fregni Nagler

→ 13, p. 33

* NATHIST-037-ML
Interior of the Oceanographie Museum
Diapositiva alla gelatina ai sali d'argento su vetro, colorata a mano / Hand-coloured gelatin silver positive photograph on glass
Collezione / Collection Linda Fregni Nagler

→ 14, p. 33

* ANIM-112-ML
Durban a fin back whale. "Jonah coming out." 232/8
Diapositiva alla gelatina ai sali

d'argento su vetro, colorata
a mano / Hand-coloured gelatin silver positive photograph on glass
Collezione / Collection Linda Fregni Nagler

→ 15, p. 33

*** OGGMES-124-ML**
Cullinan Diamond. 4 1/2" long, 2 1/2" wide, 2."
Diapositiva alla gelatina ai sali d'argento su vetro, colorata a mano / Hand-coloured gelatin silver positive photograph on glass
Collezione / Collection Linda Fregni Nagler

→ 16, p. 33

*** ETN-135-ML**
Neg. No. 17453, Sl. No. 24, Lect. Ch. 7 Afr. Girl with disk set in upper lip. Property of The Board of Foreign Missions of the Methodist Episcopal Church. 150 Fifth Avenue, New York City
Diapositiva alla gelatina ai sali d'argento su vetro, colorata a mano / Hand-coloured gelatin silver positive photograph on glass
Collezione / Collection Linda Fregni Nagler

→ 17, pp. 34-35

Linda Fregni Nagler
Things that Death Cannot Destroy
Performance, Torino / Turin, MAO Museo d'Arte Orientale, 2024
Fermo immagine da / Still from video, di / by Tobia Faverio
Courtesy dell'artista / of the artist

→ 18, p. 42

Tomioka Tessai (1837-1924)
Peonie / Peonies
Fine XIX – inizio XX secolo / Late 19th–early 20th century
Giappone / Japan,
Periodo Meiji / Meiji Period
Inchiostro e colore su seta / Ink and colour on silk
113 x 52,5 cm
Torino / Turin, Collezione / Collection Perino
Foto / Photo: Alessandro Muner

→ 19, p. 43

Kawamura Bunpō (1779-1821)
Albero di ciliegio fiorito / Blooming Cherry Tree
Inizio del XIX secolo / Early 19th century
Giappone / Japan
Periodo Edo / Edo Period (Tokugawa)
Inchiostro, colore e *gofun* su seta; montatura con bordo di seta damascata / Ink, colour and *gofun* on silk; mounted with a border of damask silk
180 x 43 cm
Torino / Turin, Collezione / Collection Perino
Foto / Photo: Alessandro Muner

→ 20, p. 43

Yanagisawa Kien (1703-1758)
Composizione multifloreale con vaso / Multifloral Arrangement with a Vase
Metà del XVIII secolo / Half of the 18th century
Giappone / Japan
Periodo Edo / Edo Period
Dipinto a inchiostro e colore su seta / Ink and colour on silk
176 x 42 cm
Torino / Turin, Collezione / Collection Perino
Foto / Photo: Alessandro Muner

→ 21, p. 44

Kimono femminile con tralci di peonie e uccelli in volo / Female Kimono with Branches of Peonies and Flying Birds
XIX secolo / 19th century
Giappone / Japan
Periodo Edo / Edo Period
Crespo di seta tinto a riserva e ricamato in seta e filo dorato / Reserve-dyed and embroidered silk crepe and gold thread
139 x 122 cm
Torino / Turin, Palazzo Madama - Museo Civico d'Arte Antica, inv. 1236/T
Foto / Photo: Alessandro Muner

→ 22, p. 45

Kimono (Hitoe)
Prima metà del XIX secolo / First half of the 19th century
Giappone / Japan
Periodo Edo / Edo Period
Garza di seta tinta a riserva, ricamata e decorata con oro cartaceo filato / Reserve-dyed silk gauze, embroidered and decorated with spun paper gold
124,5 x 98 cm
Venezia / Venice, Direzione regionale Musei nazionali Veneto - Museo d'Arte Orientale di Venezia, inv. 12735 - 1308

→ 23, p. 45

Kimono (Uchikake)
Fine XVIII - inizio XIX secolo / Late 18th–early 19th century
Giappone / Japan
Periodo Edo / Edo Period
Crepe di seta bianco tinto a riserva in azzurro e ricamato con seta policroma e oro filato / White silk crepe dyed in blue and embroidered with polychrome silk and spun gold
156 x 124 cm
Venezia / Venice, Direzione regionale Musei nazionali Veneto - Museo d'Arte Orientale di Venezia, inv. 12746 - 1313

→ 24, p. 46

Kesa con motivo circolare di noshi e fiori stilizzati cinesi su sfondo verde / Kesa with a Circular Motif of Noshi and Stylised Chinese Flowers on a Green Background
Prima metà del XIX secolo / First half of the 19th century
Giappone / Japan
Periodo Edo / Edo Period
Raso di seta, filati di seta e oro a strisce / Silk satin, silk yarns and gold stripes
110,5 x 200 cm
Torino / Turin, MAO Museo d'Arte Orientale, inv. Jt/3
Donazione / Gift: Claudio Perino
Foto / Photo: Paolo Robino

→ 25, p. 46

Kesa con motivo di shokkō su fondo rosso leggero / Kesa with a Shokkō Motif on a Light Red Background
Fine XVIII secolo / Late 18th century
Giappone / Japan
Periodo Edo / Edo Period
Raso di seta, filati di seta / Silk satin, silk yarns
108,5 x 217 cm
Torino / Turin, MAO Museo d'Arte Orientale, inv. Jt/8
Donazione / Gift: Claudio Perino
Foto / Photo: Paolo Robino

→ 26, p. 47

Kesa con motivo di takara-zukushi e peonie su fondo rosso càrtamo / Kesa with a Takara-zukushi Motif and Peonies on a Safflower Red Background
Inizio XIX secolo / Early 19th century
Giappone / Japan
Periodo Edo / Edo Period
Raso di seta, filati di seta e argento a strisce / Silk satin, silk yarns and striped silver
109 x 166 cm
Torino / Turin, MAO Museo d'Arte Orientale, inv. Jt/7
Donazione / Gift: Claudio Perino
Foto / Photo: Paolo Robino

→ 27, p. 48

Ryōshibako con motivi vegetali / Ryōshibako with Plant Motifs
Seconda metà del XVII secolo / Second half of the 17th century
Giappone / Japan
Periodo Edo / Edo Period (Tokugawa)
Legno laccato, polveri metalliche applicate secondo lo stile *Kōdaiji maki-e* / Lacquered wood, metal powders applied in the *Kōdaiji maki-e* style
11,5 x 36,2 x 23,5 cm
Torino / Turin, Collezione / Collection Perino
Foto / Photo: Studio Gonella

→ 28, p. 48

Kobako con decorazione floreale damascata / Kobako with Damask Floral Decoration
Ultimo quarto del XIX secolo / Last quarter of the 19th century
Giappone / Japan
Periodo Edo / Edo Period (Tokugawa)
Legno laccato, decorazione in oro e argento / Lacquered wood, gold and silver decoration
5 x 15,5 x 11,6 cm
Torino / Turin, Collezione / Collection Perino
Foto / Photo: Studio Gonella

→ 29, p. 49

Kashibako con staccionata e prugni fioriti / Kashibako with Fence and Flowering Plum Trees
Fine XVIII - inizio XIX secolo / Late 18th–early 19th century
Giappone / Japan
Periodo Meiji / Meiji Period
Legno laccato; decorazione in oro, argento e altri metalli / Lacquered wood; decoration in gold, silver and other metals
H 11 cm, d 17,4 cm
Torino / Turin, Collezione / Collection Perino
Foto / Photo: Studio Gonella

→ 30, p. 56

* Okumura Toshinobu
(attivo / active circa 1717-1750)
Editore / Publisher:
Emiya (Uemura) Kichiemon
Venditrice di piante / Flower Vendor
Anni venti del XVIII secolo / 1720s
Giappone / Japan
Periodo Edo / Edo Period
Xilografia *urushi-e*; inchiostro su carta, con colore applicato a mano e *nikawa* / Woodblock print *urushi-e*; ink on paper, with hand-applied colour and *nikawa*
31,6 x 15,6 cm
Boston, Museum of Fine Arts, Denman Waldo Ross Collection, inv. 06.1010

→ 31, p. 57

Autore sconosciuto / Unknown author
Flower Seller (JAP-176-ML)
Post / After 1871
Diapositiva alla gelatina ai sali d'argento su vetro, colorata a mano / Hand-coloured gelatin silver positive print on glass
8 x 9 cm
Collezione / Collection Linda Fregni Nagler

→ 32, p. 58

* Okumura Toshinobu
(attivo / active circa 1716-1750)
L'attore Ogino Isaburō I nel ruolo di un venditore ambulante di piante / Actor Ogino Isaburō I as a Plant Vendor
1737-1738
Giappone / Japan
Xilografia a inchiostro nero colorata a mano / Hand-coloured black ink woodblock print
33,4 x 16 cm
Genova / Genoa, Museo d'Arte Orientale "E. Chiossone", inv. S23

→ 33, p. 59

Autore sconosciuto / Unknown author
235. Flower Gardener (YS_FS_006)
Post / After 1853
Stampa all'albumina colorata a mano montata su cartoncino / Hand-coloured albumen print mounted on cardboard
Fototipo / Phototype:
26,8 x 31,2 cm; immagine visibile / visible image: 20 x 26 cm
Collezione / Collection Linda Fregni Nagler

→ 34, p. 60

* Nishimura Shigenobu
(attivo / active circa 1724-1735)
Editore / Publisher:
Murataya Jirobei (Eiyudo)
Trittico di venditori di fiori / Triptych of Flower-sellers (Hanauri sanpukutsui)
Giappone / Japan
Periodo Edo / Edo Period
Xilografia *urushi-e*; inchiostro su carta, con colore applicato a mano e *nikawa* / Woodblock print *urushi-e*; ink on paper, with hand-applied colour and *nikawa*
Trittico *hosoban* integro / Uncut *hosoban* triptych: 31,3 × 43,2 cm
Boston, Museum of Fine Arts, Denman Waldo Ross Collection, inv. 06.445

→ 35, p. 61

Theo Wores
(1858-1939)
A Flower Seller (YS_FS_014)
1886
Stampa fotomeccanica / Photomechanical print
Fototipo / Phototype:
17,8 x 13,7 cm; immagine visibile / visible image: 16,5 x 12,6 cm
Collezione / Collection Linda Fregni Nagler

→ 36, p. 62

* Okumura Toshinobu
(attivo / active circa 1717-1750)
Sanjō Kantarō nel ruolo di venditore di fiori / Sanjō Kantarō as a Flower Seller
Metà anni settanta del XVIII secolo / Mid-1770s
Giappone / Japan
Periodo Edo / Edo Period
Xilografia colorata a mano;

inchiostro e colore su carta /
Hand-coloured woodblock print;
ink and colour on paper
33,1 x 16,1 cm
Honolulu Museum of Art,
Donazione / Gift: James A.
Michener, 1991, inv. 21670

→ **37, p. 63**

Autore sconosciuto /
Unknown author
161 Flower Peddler (YS_FS_002)
Post / After 1853
Stampa all'albumina colorata a
mano montata su cartoncino /
Hand-coloured albumen print
mounted on cardboard
Fototipo / Phototype:
18,8 x 24,3 cm; immagine visibile /
visible image: 18,8 x 24,3 cm
Collezione / Collection Linda
Fregni Nagler

→ **38, p. 64**

* Torii Kiyomasu II
(1706?-1763?)
L'attore Onoe Kikugoro I, foglio destro del Trittico del Venditore di Fiori / The Actor Onoe Kikugoro I, right sheet of the Flower Vendor Triptych (Hanauri sanpukutsui)
Circa 1743
Giappone / Japan
Periodo Edo / Edo Period
Xilografia *benizuri-e* / Woodblock
print *benizuri-e*
31,5 x 15 cm
The Art Institute of Chicago,
Clarence Buckingham Collection,
inv. 1928.858

→ **39, p. 65**

Autore sconosciuto /
Unknown author
Untitled (JAP-124-ML)
Diapositiva alla gelatina ai sali
d'argento su vetro, colorata a
mano / Hand-coloured gelatin
silver positive print on glass
8 x 8 cm
Collezione / Collection Linda
Fregni Nagler

→ **40, p. 66**

* Ippitsusai Bunchō
(attivo / active circa 1765-1792)
Editore / Publisher:
Nishimuraya Yohachi (Eijudo)
L'attore Nakamura Matsue I nel ruolo della venditrice di fiori Omatsu / Actor Nakamura Matsue I as the Flower-seller Omatsu
1773
Giappone / Japan
Periodo Edo / Edo Period
Xilografia policroma *nishiki-e*;
inchiostro e colore su carta /
Polychrome woodblock print
nishiki-e; ink and colour on paper
31,4 x 14,3 cm
Boston, Museum of Fine Arts,
William S. and John T. Spaulding
Collection, inv. 21.4751

→ **41, p. 67**

Autore sconosciuto /
Unknown author
Flower Vendors, Japan (JAP-125-ML)
Post / After 1871
Diapositiva alla gelatina ai sali
d'argento su vetro, colorata
a mano / Hand-coloured gelatin
silver positive print on glass
8 x 8 cm
Collezione / Collection Linda
Fregni Nagler

→ **42, p. 68**

Utagawa Kunisada (Toyokuni III)
(1786-1865)
Venditore di piante in vaso / Potted Plants Seller, dalla serie Sei venditori nelle sere d'estate / from the series Six Sellers on Summer Evenings
1849
Giappone / Japan
Periodo Edo / Edo Period
Xilografia policroma *nishiki-e*;
inchiostro e colore su carta /
Polychrome woodblock print
nishiki-e; ink and colour on paper
36 x 24,5 cm
Torino / Turin, Collezione privata /
Private Collection

→ **43, p. 69**

Koikawa Harumachi
(attivo / active 1744-1789)
All'ingresso del santuario di Kanda / At the Entrance to the Kanda Shrine
XIX secolo / 19th century
Giappone / Japan
Periodo Edo / Edo Period
Xilografia policroma *nishiki-e*;
inchiostro e colore su carta /
Polychrome woodblock *nishiki-e*;
ink and colour on paper
56 x 21,2 cm
Genova / Genoa, Museo d'Arte
Orientale "E. Chiossone", inv. S-1231

→ **44, p. 70**

* Utagawa Kuniyoshi
(1797/98-1861)
Editore / Publisher:
Tsumuraya Saburobei (Nyoido)
La quinta ora / The Fifth Hour (Hi itsutsu no toki): Le otto del mattino; donna che si lava i denti e Venditore di fiori / Eight O'Clock in the Morning; Woman Brushing her Teeth and a Flower Seller, dalla serie Meridiana dei Commercianti Moderni / from the series Sundial of Modern Tradesmen (Tosei akindo hidokei)
Circa 1821-1823
Giappone / Japan
Periodo Edo / Edo Period
Xilografia policroma *nishiki-e*;
inchiostro e colore su carta /
Polychrome woodblock print
nishiki-e; ink and colour
on paper
39,1 x 26,7 cm
Boston, Museum of Fine Arts,
William Sturgis Bigelow
Collection, inv. 11.15959

→ **45, p. 71**

Autore sconosciuto /
Unknown author
Untitled (YS_FS_009)
Post / After 1853
Stampa all'albumina colorata a
mano montata su cartoncino /
Hand-coloured albumen print
mounted on cardboard
Fototipo / Phototype:
13,4 x 9,1 cm; immagine visibile /
visible image: 13,4 x 9,1 cm
Collezione / Collection Linda
Fregni Nagler

→ **46, p. 73**

* Kinoshita Hironobu I
(attivo / active circa 1851-1870)
L'attore Kataoka Gatō II nel ruolo del venditore di fiori Tokubei / Actor Kataoka Gatō II as the Flower-seller Tokubei, dalla serie Neve, Luna e Fiori / from the series Snow, Moon and Flowers (Setsugekka no uchi)
1866
Giappone / Japan
Periodo Edo / Edo Period
Xilografia policroma *nishiki-e*;
inchiostro e colore su carta /
Polychrome woodblock print
nishiki-e; ink and colour on paper
25 x 18,2 cm
Boston, Museum of Fine Arts,

William Sturgis Bigelow Collection, inv. 11.35048

→ 47, p. 74

Utagawa Kunisada (Toyokuni III) (1786-1865)
Aprile / April (Uzuki), dalla serie I dodici mesi / from the series The Twelve Months (Ju nigatsu no uchi)
Circa 1840
Giappone / Japan
Periodo Edo / Edo Period
Libro con illustrazioni realizzate con stampe xilografiche / Book with woodblock print illustrations
36,3 x 27 cm; aperto / open: 48 cm
Venezia / Venice, Direzione regionale Musei nazionali Veneto - Museo d'Arte Orientale di Venezia, inv. 12466-2687

→ 48, p. 75

Autore sconosciuto / Unknown author
Untitled (JAP-138-ML)
Post / After 1871
Diapositiva alla gelatina ai sali d'argento su vetro, colorata a mano / Hand-coloured gelatin silver positive print on glass
8 x 8 cm
Collezione / Collection Linda Fregni Nagler

→ 49, p. 76

Autore sconosciuto / Unknown author
Untitled (YS_FS_023)
Post / After 1853
Stampa all'albumina colorata a mano montata su cartoncino con bordatura dorata / Hand-coloured albumen print mounted on cardboard with gold edge
Fototipo / Phototype: 26,5 x 34 cm; immagine visibile / visible image: 20 x 25,4 cm
Collezione / Collection Linda Fregni Nagler

→ 50, p. 76

Autore sconosciuto / Unknown author
123 (YS_FS_004)
Post / After 1853
Stampa all'albumina colorata a mano montata su cartoncino con bordatura dorata / Hand-coloured albumen print mounted on cardboard with gold edge
Fototipo / Phototype: 19,4 x 24,5 cm; immagine visibile / visible image: 19,4 x 24,5 cm
Collezione / Collection Linda Fregni Nagler

→ 51, p. 76

Autore sconosciuto / Unknown author
Untitled (YS_FS_019)
Post / After 1853
Stampa all'albumina colorata a mano montata su cartoncino / Hand-coloured albumen print mounted on cardboard
Fototipo / Phototype: 19,9 x 25,7 cm; immagine visibile / visible image: 19,4 x 25 cm
Collezione / Collection Linda Fregni Nagler

→ 52, p. 77

Autore sconosciuto / Unknown author
Flower Vender (YS_FS_001)
Post / After 1853
Stampa all'albumina colorata a mano / Hand-coloured albumen print
Fototipo / Phototype: 18,8 x 23,8 cm; immagine visibile / visible image: 18,8 x 23,8 cm
Collezione / Collection Linda Fregni Nagler

→ 53, p. 77

Autore sconosciuto / Unknown author
102. Flower Seller (YS_FS_005)
Post / After 1853
Stampa all'albumina colorata a mano montata su cartoncino / Hand-coloured albumen print mounted on cardboard
Fototipo / Phototype: 21 x 27,5 cm; immagine visibile / visible image: 20,1 x 26,4 cm
Collezione / Collection Linda Fregni Nagler

→ 54, p. 77

Autore sconosciuto / Unknown author
375. Flower Seller (YS_FS_021)
Post / After 1853
Stampa ai sali d'argento su carta baritata / Gelatin silver print on baryta paper
Fototipo / Phototype: 20,2 x 26,5 cm; immagine visibile / visible image: 20,2 x 26,5 cm
Collezione / Collection Linda Fregni Nagler

→ 55, p. 78

Autore sconosciuto / Unknown author
C55. Seller of Flowers (YS_FS_012)
Post / After 1853
Stampa all'albumina colorata a mano montata su cartoncino / Hand-coloured albumen print mounted on cardboard
Fototipo / Phototype: 26 x 33,7 cm; immagine visibile / visible image: 20,4 x 27 cm
Collezione / Collection Linda Fregni Nagler

→ 56, p. 78

* Autore sconosciuto / Unknown author
222 (YS_FS_029)
Post / After 1853
Stampa all'albumina colorata a mano montata su cartoncino / Hand-coloured albumen print mounted on cardboard
Fototipo / Phototype: 19,8 x 26,4 cm; immagine visibile / visible image: 19,8 x 26,4 cm
Collezione / Collection Linda Fregni Nagler

→ 57, p. 78

Autore sconosciuto / Unknown author
222 (YS_FS_008)
Post / After 1853
Stampa all'albumina colorata a mano montata su cartoncino / Hand-coloured albumen print mounted on cardboard
Fototipo / Phototype: 21,4 x 27 cm; immagine visibile / visible image: 20,9 x 26,8 cm
Collezione / Collection Linda Fregni Nagler

→ 58, p. 79

Autore sconosciuto /
Unknown author
Untitled (YS_FS_022)
Post / After 1853
Stampa all'albumina colorata a mano montata su cartoncino / Hand-coloured albumen print mounted on cardboard
Fototipo / Phototype:
20,2 x 26 cm; immagine visibile / visible image: 20,2 x 26 cm
Collezione / Collection Linda Fregni Nagler

→ 59, p. 79

Autore sconosciuto /
Unknown author
103. Selling flowers (YS_FS_003)
Post / After 1853
Stampa all'albumina colorata a mano montata su cartoncino / Hand-coloured albumen print mounted on cardboard
Fototipo / Phototype:
20,9 x 27,4 cm; immagine visibile / visible image: 20,3 x 26,4 cm
Collezione / Collection Linda Fregni Nagler

→ 60, p. 79

Autore sconosciuto /
Unknown author
A12 (YS_FS_024)
Post / After 1853
Stampa all'albumina colorata a mano montata su cartoncino / Hand-coloured albumen print mounted on cardboard
Fototipo / Phototype:
21,7 x 27,8 cm; immagine visibile / visible image: 20,6 x 26,6 cm
Collezione / Collection Linda Fregni Nagler

→ 61, p. 80

Autore sconosciuto /
Unknown author
Untitled (YS_FS_007)
Post / After 1853
Stampa all'albumina colorata a mano montata su cartoncino / Hand-coloured albumen print mounted on cardboard
on cardboard
Fototipo / Phototype:
21,3 x 27,1 cm; immagine visibile / visible image: 20 x 26 cm
Collezione / Collection Linda Fregni Nagler

→ 62, p. 80

Autore sconosciuto /
Unknown author
Untitled (YS_FS_013)
Post / After 1853
Stampa all'albumina colorata a mano montata su cartoncino / Hand-coloured albumen print mounted on cardboard
Fototipo / Phototype:
26 x 34 cm; immagine visibile / visible image: 21 x 25,9 cm
Collezione / Collection Linda Fregni Nagler

→ 63, p. 80

Autore sconosciuto /
Unknown author
Selling Flowers (YS_FS_017)
Post / After 1853
Stampa all'albumina colorata a mano montata su cartoncino / Hand-coloured albumen print mounted on cardboard
Fototipo / Phototype:
24 x 30,7 cm; immagine visibile / visible image: 20,5 x 26,9 cm
Collezione / Collection Linda Fregni Nagler

→ 64, p. 81

Autore sconosciuto /
Unknown author
Untitled (YS_FS_026)
Post / After 1853
Stampa all'albumina colorata a mano montata su cartoncino / Hand-coloured albumen print mounted on cardboard
Fototipo / Phototype:
24,1 x 30,2 cm; immagine visibile / visible image: 20,4 x 26,1 cm
Collezione / Collection Linda Fregni Nagler

→ 65, p. 81

Autore sconosciuto /
Unknown author
Untitled (YS_FS_018)
Post / After 1853
Stampa all'albumina colorata a mano montata su cartoncino / Hand-coloured albumen print mounted on cardboard
Fototipo / Phototype:
9,3 x 13,8 cm; immagine visibile / visible image: 9,3 x 13,8 cm
Collezione / Collection Linda Fregni Nagler

→ 66, p. 81

Autore sconosciuto /
Unknown author
B1028 Flower Selling (YS_FS_025)
Post / After 1853
Stampa all'albumina colorata a mano montata su cartoncino / Hand-coloured albumen print mounted on cardboard
Fototipo / Phototype:
21,4 x 27,3 cm; immagine visibile / visible image: 20,6 x 26,5 cm
Collezione / Collection Linda Fregni Nagler

→ 67, p. 82

Autore sconosciuto /
Unknown author
219. Country Woman Selling Flowers (YS_FS_010)
Post / After 1853
Stampa all'albumina colorata a mano montata su cartoncino / Hand-coloured albumen print mounted on cardboard
Fototipo / Phototype:
27 x 21 cm; immagine visibile / visible image: 26 x 20,2 cm
Collezione / Collection Linda Fregni Nagler

→ 68, p. 82

Autore sconosciuto /
Unknown author
B1200 Country Old Woman Selling Flowers (YS_FS_011)
Post / After 1853
Stampa all'albumina colorata a mano montata su cartoncino / Hand-coloured albumen print mounted on cardboard
Fototipo / Phototype:
27,9 x 22 cm; immagine visibile / visible image: 26,8 x 20,9 cm
Collezione / Collection Linda Fregni Nagler

→ 69, p. 82

Autore sconosciuto /
Unknown author
Untitled (YS_FS_020)
Post / After 1853
Stampa all'albumina colorata a mano / Hand-coloured albumen print
Fototipo / Phototype:
9 x 13,5 cm; immagine visibile / visible image: 9 x 13,5 cm
Collezione / Collection Linda Fregni Nagler

→ 70, p. 83

* Adolfo Farsari
A Flower Peddler
Giappone / Japan (Yokohama)
1880-1890
Stampa all'albumina colorata a mano su carta / Hand-coloured albumen print on paper
19 x 24,5 cm
Acquistato dal viaggiatore ceco Josef Kořenský a Yokohama nel 1894 / Bought by the Czech traveler Josef Kořenský in Yokohama, 1894
Praga / Prague, National Museum-Náprstek Museum of Asian, African and American Cultures
Ethnographic Photographic Collection, inv. As III 36

→ 71, p. 92

Autore sconosciuto / Unknown author
103. Selling Flowers (YS_FS_003)
Post / After 1853
Stampa all'albumina colorata a mano montata su cartoncino / Hand-coloured albumen print mounted on cardboard
Fototipo / Phototype:
20,9 x 27,4 cm; immagine visibile / visible image:
20,3 x 26,4 cm
Collezione / Collection Linda Fregni Nagler

→ 72, p. 92

Autore sconosciuto / Unknown author
103. Selling Flowers (YS_FS_003BIS)
Post / After 1853
Stampa all'albumina colorata a mano montata su cartoncino / Hand-coloured albumen print mounted on cardboard
Fototipo / Phototype:
20,9 x 27,4 cm; immagine visibile / visible image:
20,3 x 26,4 cm
Collezione / Collection Linda Fregni Nagler

→ 73, p. 93

Autore sconosciuto / Unknown author
1572 Selling Flowers (YS_FS_016)
Post / After 1853
Stampa all'albumina colorata a mano / Hand-coloured albumen print
Fototipo / Phototype:
20 x 26 cm; immagine visibile / visible image: 20 x 26 cm
Collezione / Collection Linda Fregni Nagler

→ 74, p. 93

Autore sconosciuto / Unknown author
Japan - Blumenhändler (YS_FS_015)
Post / After 1853
Stampa fotomeccanica a colori / Colour photomechanical print
Fototipo / Phototype:
24,2 x 31,2 cm; immagine visibile / visible image:
13,4 x 9,1 cm
Collezione / Collection Linda Fregni Nagler

→ 75-82, pp. 94-101

Vedute della mostra / Installation views
Foto / Photo: Edoardo Piva

Consigli di lettura / Suggested Readings

Siobhan Angus, *Camera Gerologica: An Elemental History of Photography*, Duke University Press, Durham (NC) 2024.

Cristina Baldacci, *Archivi impossibili. Un'ossessione dell'arte contemporanea*, Johan & Levi, Monza 2016.

Geoffrey Batchen, *Un desiderio ardente. Alle origini della fotografia*, trad. it. di / It. transl. by Elio e / and Marta Grazioli, Johan & Levi, Monza 2014.

Terry Bennett, *Old Japanese Photographs: Collectors' Data Guide*, Bernard Quarritch, London 2006.

Terry Bennett, *Photography in Japan 1853-1912*, Tuttle Publishing, North Clarendon (VT) 2012.

John Berger, *Questione di sguardi*, trad. it. di / It. transl. by Maria Nadotti, Il Saggiatore, Milano 1998.

Georg W. Bertram, *L'arte come prassi umana. Un'estetica*, ed. it. a cura di / It. edn. edited by Federico Vercellone, Raffaello Cortina Editore, Milano 2017.

Patrick Bonneville, *La Photographie japonaise sous l'ère Meiji (1868-1912)*, Les Éditions de l'Amateur - Antiquités Photo Verdeau, Paris 2006.

Francesco Paolo Campione, *The Ideological and Aesthetic Bases of the School of Yokohama*, in Bolt Mikkel, Borum Peter, Bukdahl Else Marie, Rocca Ettore (a cura di / eds.), *Hospitality in Art and Politics*, Basilisk, København [Copenaghen] 2016, pp. 199-132.

Sarah Dellmann, Frank Kessler (a cura di / eds.), *A Million Pictures: Magic Lantern Slides in the History of Learning*, John Libbey, London 2020.

Fiori d'Oriente, Arte e Poesia. Metafore e simboli nella cultura artistica e letteraria del Giappone, a cura di / edited by Donatella Failla, catalogo della mostra / exhibition catalogue (Genova / Genoa, Museo d'Arte Orientale "E. Chiossone", 22 aprile / April - 30 ottobre / October 2011), Comune di Genova, Settore Musei, Genova 2011.

Ineffabile Perfezione. La fotografia del Giappone 1860-1910, a cura di / edited by Francesco Paolo Campione, Marco Fagioli, catalogo della mostra / exhibition catalogue (Museo delle Culture di Lugano, 23 ottobre / October 2010 – 27 febbraio / February 2011), Giunti, Milano 2010.

Kakai ku, Edo no engei / Flowers in Bloom: The Culture of Gardening in Edo, catalogo della mostra / exhibition catalogue (Edo-Tōkyō Museum, 30 luglio / July - 1 settembre / September 2013), Edo-Tōkyō Museum, Tōkyō 2013.

Naoyuki Kinoshita, *Shashingaron. Shashin to kaiga no kekkon* (*Sulla pittura e la fotografia. Il connubio tra fotografia e pittura*), in "Iwanami kindai nihon no bijyutsu", vol. 4, aprile / April 1996.

Anne Lacoste, *Felice Beato: A Photographer on the Eastern Road*, J. Paul Getty Museum, Los Angeles 2010.

Fosco Maraini, *Japan. Patterns of Continuity*, Kōdansha International Ltd., Tōkyō 1986.

Rossella Menegazzo, *Anticipando il futuro: macchine e 'vere vedute'*, in Gian Carlo Calza (a cura di / ed.), *Giappone. Potere e splendore 1568/1868*, Federico Motta Editore, Milano 2009, pp. 315-317.

Rossella Menegazzo, *Fotografia e immaginario fotografico nelle silografie dell'ukiyoe Bakumatsu e Meiji*, in *Giappone, storie plurali*, a cura di / edited by Matteo Casari, Paola Scrolavezza, atti del / proceedings of the XXXV Convegno di Studi sul Giappone AISTUGIA (Bologna, Palazzo Comunale e / and Facoltà di Lingue e Letterature Straniere, 15-17 settembre / September 2011), Casa editrice Emil di Odoya, Bologna 2013.

Ayako Nagase, *Japanese Floriculture Development in the Edo Period (1603–1868)*, in "HortResearch", 65, 2011, pp. 207-218.

Nihon no monyō / Traditional Japanese Patterns and Motifs, Pie International, Tōkyō 2013.

Takeshi Ozawa, *The History of Early Photography in Japan*, in "History of Photography", vol. 5 (October 1981), pp. 285-303.

Claudia Gabriele Philipp, Dietmar Siegert, Rainer Wick (a cura di / eds.), *Felice Beato. Viaggio in Giappone 1863–1877*, Federico Motta Editore, Milano, Dietmar Siegert, München 1991.

Ryoko Sekiguchi, *Nagori. La nostalgia della stagione che ci ha appena lasciato*, Einaudi, Torino 2022.

Typologien: *Photography in 20th-Century Germany*, a cura di / edited by Susanne Pfeffer, catalogo della mostra / exhibition catalogue (Milano / Milan, Fondazione Prada, 3 aprile / April - 14 luglio / July 2025), Fondazione Prada, Milano 2025.

Sōetsu Yanagi, *The Beauty of Everyday Things*, Penguin Random House, London 2018.

Zartrosa und Lichtblau: Japanische Fotografie der Meiji-Zeit (1868-1912), a cura di / edited by Christine Kühn, catalogo della mostra / exhibition catalogue (Staatliche Museen zu Berlin, 4 settembre / September 2015 - 10 gennaio / January 2016), Kerber Verlag, Bielefeld-Berlin 2015.

Biografie degli autori

Cristina Baldacci, storica dell'arte, è professoressa associata di Storia dell'arte contemporanea all'Università Ca' Foscari Venezia. È affiliata al THE NEW INSTITUTE Centre for Environmental Humanities (NICHE), dove coordina il gruppo di ricerca "Ecological Art Practices" e la serie "Art Ecologies". I suoi interessi di ricerca riguardano, in particolare, la relazione arte, natura ed ecologia; la fotografia e l'Antropocene; l'archiviare e il collezionare come pratiche artistiche; l'appropriazione, il montaggio e il *reenactment* delle immagini nell'arte contemporanea: tutti argomenti su cui ha ampiamente pubblicato. Si vedano, tra gli altri, la monografia *Archivi impossibili: un'ossessione dell'arte contemporanea* (2016) e i volumi *Over and Over and Over Again: Reenactment Strategies in Contemporary Arts and Theory* (2022) e *l'Antropocene: una guida ecocritica* (2022).

Francesca Filisetti è curatrice e *project manager* indipendente; dal 2022 collabora con il Dipartimento curatoriale ed editoriale del MAO Museo d'Arte Orientale di Torino. Laureata in Arti Visive presso l'Università Iuav di Venezia, è stata *studio manager* dell'artista Giorgio Andreotta Calò (2019-2022) e ha supervisionato progetti performativi, culturali ed editoriali in sinergia con, tra gli altri, TBA21-Academy, Treccani Arte, LaGalla23, Arthub, Cactus Digitale. Parimenti, ha coordinato mostre d'arte contemporanea presso prestigiose istituzioni come: La Biennale di Venezia; Palazzo Reale, Milano; Artissima, Torino; Blueproject Foundation, Barcellona; Into Nature Art Biennal, Drenthe; MAXXI, Roma; GAMeC, Bergamo; ArtCity, Bologna; Museo di Castelvecchio, Verona.

Linda Fregni Nagler, nata a Stoccolma e residente a Milano, è un'artista che lavora principalmente con il medium fotografico, concentrandosi anche sulla sua storia.
Ha esposto in numerose mostre personali e collettive – fra cui la 55ª Biennale di Venezia del 2013, *Il Palazzo Enciclopedico* – sia presso istituzioni italiane (GAM, Torino; Galleria Nazionale d'Arte Moderna, Roma; MAXXI, Roma; Fondazione Olivetti, Roma; Triennale, Milano) sia estere (Moderna Museet, Stockholm; Centre National d'Art Contemporain de Grenoble; Columbia University, NY; ZKM | Zentrum für Kunst und Medientechnologie, Karlsruhe; Museum für Kunst und Gewerbe, Hamburg). Nel 2017 ha curato, insieme a Cristiano Raimondi, la mostra sul pioniere della fotografia in Brasile *Hercule Florence, Le Nouveau Robinson* (Nouveau Musée National de Monaco).
Linda Fregni Nagler è docente di ruolo di Fotografia presso l'Accademia Carrara di Bergamo e all'università IULM di Milano insegna Fotografia: teorie e tecniche.

Manuela Moscatiello, attualmente responsabile della collezione di arti decorative moderne al Petit Palais di Parigi, ha ricoperto dal 2016 al 2023 il ruolo di curatrice del fondo giapponese presso il Musée Cernuschi (Parigi). Le sue ricerche vertono sugli scambi culturali e artistici tra Giappone ed Europa nel XIX secolo e sull'arte giapponese dei periodi Edo e Meiji. La sua tesi di dottorato sul giapponismo di Giuseppe De Nittis (Peter Lang, 2011) ha ottenuto il XXXII Premio della Society for the Study of Japonisme. Autrice di numerosi articoli e di monografie di artisti giapponesi (Jakuchū, Hokusai, Kamisaka Sekka), ha curato diverse mostre, tra cui *Voyage sur la route du Kisokaidō. De Hiroshige à Kuniyoshi* (Parigi, Musée Cernuschi, 2020-2021) e *Jakuchū. Le Royaume coloré des êtres vivants* (Parigi, Petit Palais, 2018).

Anna Musini è laureata in Storia dell'arte presso l'Università Cattolica del Sacro Cuore di Milano e cultore della materia in Fenomenologia della critica d'arte presso la stessa. Dopo un periodo di formazione in istituzioni internazionali come il Solomon R. Guggenheim Museum di New York, dal 2010 al 2017 ha lavorato presso il dipartimento curatoriale della GAM Galleria Civica d'Arte Moderna e Contemporanea di Torino. Tra il 2017 e il 2019 partecipa a progetti di ricerca promossi a Londra da Sotheby's, *The Art Newspaper* e dalla fiera Frieze London. Dal 2019 al 2022 collabora con il Dipartimento curatoriale del Castello di Rivoli Museo d'Arte Contemporanea. Dal 2022 è curatrice presso il MAO Museo d'Arte Orientale di Torino e coordina il dipartimento curatoriale ed editoriale del museo. Contribuisce regolarmente a pubblicazioni specializzate.

Roberta Vergagni, laureata in Lingue e culture dell'Asia e dell'Africa per la Comunicazione internazionale, ha approfondito gli studi sulla lingua e sulla cultura nipponiche in Giappone, all'IFIE di Kanazawa e all'Università Gaikokugo Daigaku di Kyoto. Consulente per il MAO dalla sua inaugurazione, nel 2008, collabora con diversi musei piemontesi che conservano opere nipponiche (come il Castello Ducale di Agliè, il Castello Reale di Racconigi, il Museo Civico di Moncalvo) e cura mostre d'arte giapponese quali *KIN 金 - Sfumature d'oro nelle arti giapponesi* al Castello della Rovere di Vinovo. È autrice del volume *Parlo giapponese*, pubblicato da Antonio Vallardi Editore, per cui ha tradotto una ventina di saggi dal giapponese, tra cui *La psicologia in infografica* di Masato Tanaka. Insegna lingua giapponese presso l'Università di Torino e l'Associazione Interculturale Italia-Giappone Sakura APS, di cui è vicepresidente.

Authors' Biographies

Cristina Baldacci is an art historian and Associate Professor of Contemporary Art History at Ca' Foscari University of Venice. She is affiliated with THE NEW INSTITUTE Centre for Environmental Humanities (NICHE), where she coordinates the "Ecological Art Practices" research group and the *Art Ecologies* series. Her research focuses in particular on the relationship between art, nature and ecology; photography and the Anthropocene; archiving and collecting as artistic practices, and appropriation, montage and the reenactment of images in contemporary art – all topics on which she has published extensively. See, among others, the monograph *Archivi impossibili: un'ossessione dell'arte contemporanea* (2016) and books *Over and Over and Over Again: Reenactment Strategies in Contemporary Arts and Theory* (2022) and *Antropocene: una guida ecocritica* (2022).

Francesca Filisetti is an independent curator and project; since 2022, she has collaborated with the Curatorial and Editorial Department of MAO Museo d'Arte Orientale in Turin. With a degree in Visual Arts from the IUAV University of Venice, she was studio manager for artist Giorgio Andreotta Calò (2010–2022) and has supervised performance, cultural and editorial projects in collaboration with, among others, TBA21–Academy, Treccani Arte, LaGalla23, Arthub and Cactus Digitale. She has also coordinated contemporary art exhibitions at prestigious institutions: the Venice Biennale; Palazzo Reale, Milan; Artissima, Turin; Blueproject Foundation, Barcelona; Into Nature Art Biennial, Drenthe; MAXXI, Rome; GAMeC, Bergamo; ArtCity, Bologna; and Museo di Castelvecchio, Verona.

Linda Fregni Nagler, born in Stockholm and based in Milan, is an artist who works mainly with photography, also focusing on its history.
She has exhibited in many solo and group shows – including the 55th Venice Biennale in 2013, *Il Palazzo Enciclopedico* – and at numerous institutions both in Italy (GAM, Turin; Galleria Nazionale d'Arte Moderna, Rome; MAXXI, Rome; Fondazione Olivetti, Rome; Triennale, Milan) and abroad (Moderna Museet, Stockholm; Centre National d'Art Contemporain of Grenoble; Columbia University, NY; ZKM | Zentrum für Kunst und Medientechnologie, Karlsruhe; Museum für Kunst und Gewerbe, Hamburg).
In 2017, along with Cristiano Raimondi, she curated an exhibition on the pioneer of photography in Brazil, *Hercule Florence, Le Nouveau Robinson* (Nouveau Musée National of Monaco).
Linda Fregni Nagler is a tenured professor of photography at the Accademia Carrara in Bergamo and teaches Photography: Theory and Technique at the IULM University in Milan.

Manuela Moscatiello, currently in charge of the collection of modern decorative arts at the Petit Palais of Paris, served previously as curator of the Japanese collection of the Musée Cernuschi (Paris) from 2016 to 2023. Her research focuses on the cultural and artistic exchange between Japan and Europe in the 19th century and on Japanese art from the Edo and Meiji periods. Her PhD thesis on the Japonisme of Giuseppe De Nittis (Peter Lang, 2011) was awarded the XXXII Prize of the Society for the Study of Japonisme. She is the author of numerous articles and monographs on Japanese artists (Jakuchū, Hokusai and Kamisaka Sekka) and has curated various exhibitions, including *Voyage sur la route du Kisokaidō. De Hiroshige à Kuniyoshi* (Musée Cernuschi, 2020–21) and *Jakuchū. Le Royaume coloré des êtres vivants* (Petit Palais, 2018).

Anna Musini graduated in History of Art from the Università Cattolica del Sacro Cuore in Milan and is an expert in the subject of Phenomenology of Art Criticism at the same university. After a period of training in international institutions such as the Solomon R. Guggenheim Museum in New York, from 2010 to 2017 she worked in the Curatorial Department of GAM Galleria Civica d'Arte Moderna e Contemporanea in Turin. Between 2017 and 2019, she participated in research projects in London promoted by Sotheby's, *The Art Newspaper* and the Frieze London fair. From 2019 to 2022 she collaborated with the curatorial department of the Castello di Rivoli Museo d'Arte Contemporanea. Since 2022, she has been curator at the MAO Museo d'Arte Orientale in Turin and coordinates the museum's Curatorial and Editorial Department. She regularly contributes to specialist publications.

Roberta Vergagni, after graduating in Languages and Cultures of Asia and Africa for International Communication, furthered her studies of Japanese language and culture in Japan at IFIE in Kanazawa and Gaikokugo Daigaku University in Kyoto. As a consultant for the MAO since its inauguration in 2008, she collaborates with various museums in Piedmont that host Japanese works (such as the Castello Ducale in Agliè, the Castello Reale of Racconigi and the Museo Civico of Moncalvo) and curates exhibitions of Japanese art, including *KIN 金 - Sfumature d'oro nelle arti giapponesi* at the Castello della Rovere in Vinovo. She is the author of the volume *Parlo giapponese*, published by Antonio Vallardi Editore, for whom she has translated more than 20 essays from Japanese; among them, *La psicologia in infografica* by Masato Tanaka. She teaches Japanese at the University of Turin and at the Associazione Interculturale Italia-Giappone Sakura APS, of which she is Vice President.

In copertina / Cover
Linda Fregni Nagler
Flower Peddler (YS_FS_LFN_002)
2018
Stampa alla gelatina ai sali d'argento colorata a mano / Hand-coloured gelatin silver print
118,1 x 156,8 cm; incorniciata / framed: 123,3 x 162 cm
Collezione privata / Private collection

Silvana Editoriale

Direttore generale / General Director
Michele Pizzi

Direttore editoriale / Editorial Director
Sergio Di Stefano

Art Director
Giacomo Merli

Coordinamento editoriale / Editorial Coordinator
Maria Chiara Tulli

Redazione / Copy Editing
Elisa Penserini

Traduzioni / Translations
Lauren Sunstein e / and Susan Ann White
per / for Scriptum, Roma / Rome

Impaginazione / Layout
Donatella Ascorti

Coordinamento di produzione / Production Coordinator
Antonio Micelli

Segreteria di redazione / Editorial Assistant
Giulia Mercanti

Ufficio iconografico / Photo Editor
Silvia Sala

Ufficio stampa / Press Office
Alessandra Olivari, press@silvanaeditoriale.it

Diritti di riproduzione e traduzione
riservati per tutti i paesi
All reproduction and translation rights
reserved for all countries
© 2025 Silvana Editoriale S.p.A.,
Cinisello Balsamo, Milano
© 2025 Fondazione Torino Musei, Torino

ISBN 978-88-366-6037-7

A norma della legge sul diritto d'autore e del codice civile, è vietata la riproduzione, totale o parziale, di questo volume in qualsiasi forma, originale o derivata, e con qualsiasi mezzo a stampa, elettronico, digitale, meccanico per mezzo di fotocopie, microfilm, film o altro, senza il permesso scritto dell'editore.
Under copyright and civil law this book cannot be reproduced, wholly or in part, in any form, original or derived, or by any means: print, electronic, digital, mechanical, including photocopy, microfilm, film or any other medium, without permission in writing from the publisher.

Crediti fotografici / Photo credits
© 2025, Museum of Fine Arts, Boston: p. 56, fig. 30; p. 60, fig. 34; p. 66, fig. 40; p. 70, fig. 44; p. 73, fig. 46
© Museo d'Arte Orientale "E. Chiossone", Genova: p. 58, fig. 32; p. 69, fig. 43
© Venezia, Museo d'Arte Orientale - Direzione regionale Musei nazionali Veneto, su gentile concessione del Ministero della Cultura: p. 74, fig. 47; p. 45, figg. 22, 23
Per le opere di / Works by Linda Fregni Nagler: © Linda Fregni Nagler
I singoli fotografi, ove necessario, sono indicati nell'elenco delle didascalie / Individual photographers are credited in the list of captions where applicable

FSC
www.fsc.org
MIX
Paper | Supporting responsible forestry
FSC® C150257

Available through ARTBOOK | D.A.P.
155 Sixth Avenue, 2nd Floor,
New York, N.Y. 10013
Tel: (212) 627-1999
Fax: (212) 627-9484

Silvana Editoriale S.p.A.
via dei Lavoratori, 78
20092 Cinisello Balsamo, Milano
tel. 02 453 951 01
www.silvanaeditoriale.it

Le riproduzioni, la stampa e la rilegatura sono state eseguite in Italia
Reproductions, printing and binding in Italy
Stampato da / Printed by
Tipo Stampa S.r.l., Moncalieri (Torino / Turin)
Finito di stampare
nel mese di settembre 2025
Printed September 2025